Caique Fernandes

Por dentro da TRANSFORMAÇÃO DIGITAL e novos modelos de gestão e trabalho

Guia completo e jamais definitivo sobre as transformações promovidas pelo avanço tecnológico.

1ª EDIÇÃO

Rio de Janeiro

Carlos Henrique Ribeiro Fernandes

2019

SUMÁRIO

Agradeço o insistente apoio de pessoas do meu convívio, e a Deus, que me ensinou a ter fé até em caminhos difíceis e mares turvos.

APRESENTAÇÃO

Por Felipe Marra

É um privilégio apresentar um livro do Caique, como assim o chamamos. Em primeiro lugar por ser um amigo querido, mas também por acompanhar o seu incansável trabalho de transmitir conhecimento e democratizar informação. Por dentro da transformação digital e novos modelos de gestão e trabalho é um livro de leitura simples, fácil e completa, como diz a própria capa. Creio ter sido mais fácil a sua leitura do que a escrita desta apresentação.

Caíque "quebra tudo" quando dá novo sentido ao conceito de transformação digital, confrontando o uso de pessoas nos processos produtivos com as novas tecnologias que automatizam esses processos e ainda nos faz refletir sobre a real necessidade de transformar. Passando pelos conceitos de forma fluída, enquanto conta uma história, Caíque passa por tudo o que é importante, de hackathons a intraempreendedorismo, de ambientes de coworking ao papel do coaching no contexto de transformação. Está tudo aí: tecnologias, cultura e processos.

Os conceitos tecnológicos como inteligência artificial, internet das coisas, blockchain e realidade virtual são tratados de forma clara e direta, sendo apresentados como uma caixa de ferramentas com o que temos disponível e que está dando a direção no processo transformacional.

A questão cultural é muito bem discutida quando se discutem as novas formas de fazer as coisas, que o contexto de transformação digital nos apresenta. Cultura maker, design thinking e gameficação, por exemplo, dão o tom dessa pegada, além de estar presente o tempo todo, entremeada no texto. E a discussão sobre processos, fechando o triângulo da transformação digital, não poderia ficar de fora, como de fato não ficou. Ao abordar uma nova forma de fazer gestão a visão de processos está muito bem colocada no texto.

Mas o livro vai além, tratando de forma muito assertiva, sem rodeios ou melindres, toda questão social associada às questões transformacionais. Além disso, Caíque nos brinda com uma discussão sobre sustentabilidade que supera nossas expectativas quando discutimos transformação digital. Por isso completo! Ou, mais que completo!

Como o próprio Caíque coloca nas suas considerações finais, o livro é um presente para o leitor que está tentando entender o que está acontecendo.

Aproveitem a leitura.

PRÓLOGO

Ao começarmos a nos interessar sobre o tema Transformação Digital, certamente nos vêm dois pesos para refletirmos. Um é sobre "transformação" e o outro é sobre "digital". Pode nos dar uma ideia, e isso é comum de se ouvir por aí, de que tudo que está por vir se trata de uma ação natural do universo digital, "revoltado" e por consequência dos hábitos humanos em completa dependência de tecnologia, mas é preciso, e é importante que se compreenda isso, que a gente pare de dar vida às coisas, percebendo e compreendendo que elas estão a mando e programadas ou justificadas por necessidades observadas por nós humanos, e que nada evolui – portanto – se não for por uma ação de nós mesmos, seja como demandantes de tecnologia ou por estarmos ligados diretamente ao atendimento dessas necessidades. Então o termo "Transformar" é o indicativo de que a gente sai de um ponto atual, e o termo "digital" serve não só para nos indicar para onde caminhamos no futuro, mas para nos provocar quanto ao ponto que estamos atualmente, que muitos já imaginavam ser digital. Assim a gente tem duas linhas para refletir: 1. O período atual já não se trata de uma transformação ocorrida ou ocorrendo? 2. A transformação que se espera compreende necessidades humanas, necessidades do meio digital para ele mesmo, apenas equaciona a escala de consumo para o volume atual de demandas ou atende a pleitos da consciência ecológica? Tentando responder a reflexão 1 inserida aqui, eu poderia dizer e afirmar que vivemos a consequência de transformações do passado, claro, mas que tudo o que vimos acontecer sempre refletiu moldes analógicos, sempre copiou a vida natural porque precisávamos chegar a uma interface amigável e convidativa, especialmente porque o mundo manual e mecânico do nosso dia-a-dia tomava a maior parte das nossas interações diárias. Meio complicado de entender? Vejamos o exemplo que vou dar agora: as empresas desenvolvedoras de tecnologia não poderiam apresentar na época um teclado de computador mais anatômico e, portanto, com menores impactos ergonômicos com base em todas as doenças ocupacionais da época, porque o público de máquinas de escrever enfrentaria problemas gigantes para se adaptarem. Quase sempre eu cito um acontecimento engraçado da minha vida particular, em que recebo a visita de um amigo na minha casa, e na oportunidade ele levou a filha dele ainda pequenina. Ela ficou bem à vontade e pegou um porta-retrato que eu mantinha no rack da tv. A primeira ação dela foi tocar na foto e tentar movimentar com os dedinhos para ver a foto seguinte, e ela ainda fez carinha de surpresa, dizendo a seguir que aquilo estava estragado. Vejamos qual o universo mais presente na vida desta criança e de muitas outras, atentemos todos nós para o espaço que se tem hoje para o ensaio de uma nova tecnologia que ignore os estigmas e costumes passados, algo realmente novo e sem precedente ou costume, mas que aproveite a natureza humana, os gestos naturais, as vontades etc. Se há algo que justifique a manutenção de aspectos anatômicos do passado, por exemplo, que esse aspecto seja levado em conta na transformação, não culpo ou condeno o que vivemos e nem mesmo estou dizendo que não há algo que preste, até porque existe muita coisa que deve ficar no manual mesmo.... Convido o leitor a refletir o que acha que deve permanecer do jeito que era. Mas se não há mais justificativas, por que não evoluir para cenários que nos favoreçam ainda mais? As vezes eu vejo que pessoas mais velhas preferem toques de celular que lembrem de telefones antigos, vejo também muitos colegas colocando capas de celular que remetem a fitas k-7 ou outro objeto antigo, isso é legal, é saudável e faz parte do nosso saudosismo, mas é preciso que todos tenhamos consciência de que as coisas foram construídas muitas vezes sem um padrão evolutivo de algo que existia antes, e isso significa que um formato, uma aparência, cor etc podem não ser mais justificados para que se dê espaço a uma verdadeira transformação. Eu aqui, enquanto digito as páginas deste livro, lembro-me de que atualmente uso um mouse baixo que não me provoca mais uma leve dor que eu sentia nas mãos, esse mouse me custou 30 dólares, e esse mouse tão mais moderno que eu uso hoje ainda é consequência do anterior, que parecia mesmo um ratinho, e por que ainda mantemos isso? A retórica é a provocação que faço para que o leitor possa contextualizar melhor ao seu dia-a-dia, com relação ao que eu disse até aqui, mas o que eu posso dizer é que estamos constantemente passando por transformações, e quando o termo "transformação" é empregado em "Transformação Digital" ele quer dizer que os olhos estão atentos ao modo antigo ou atual de se fazer e as vantagens (ou ganhos) que teríamos se algumas das consequências atuais não existissem mais, ou se a gente pudesse vencer barreiras que são impedidas por determinados modelos de objetos, capacidade de processamento, capacidade de análise de informações etc (um infinito inimaginável de "etc"). A segunda questão que apresento e proponho é sobre a transformação que se espera ou que se faz, porque quando falamos anteriormente de vantagens e ganhos temos visões a serem consideradas, e estas vantagens podem soar boas e benéficas para as pessoas em caráter individual, atendendo a uma necessidade subjetiva (cor, tamanho etc), podem promover vantagens competitivas para as empresas atenderem às crescentes demandas de mercado (lançar um produto em que se saiba a demanda, desenvolver entendendo os limites de custo etc), podem ser ainda vantagens para suprir necessidades requeridas pela própria tecnologia (carregadores de bateria em rodoviárias, redes mais potentes, analisadores de conteúdo etc) e atender a pleitos da consciência ecológica, produzindo com menos poluição, com menor desperdício, baseados em informações sobre a cadeia, coordenando e monitorando descartes etc. Então para responder à questão 2 que inseri neste prólogo, a Transformação Digital (a TD) deve atender a todas as necessidades que se façam sob o limite da ética.

Boa leitura!

INTRODUÇÃO

Há um número gigante de pessoas que quer significar Transformação Digital por sua própria e particular definição, e isso acontece porque o termo tem se apresentado cada vez mais popular, e é justo, mas é possível encontrar no mundo todo discussões equivocadas sobre a transformação digital, como quando nos deparamos com evoluções digitais (upgrades e aquisição de mais modernos equipamentos) que são apresentadas como "transformação", ou até uma simples mudança no uso de ferramentas analógicas para digitais que não se trata necessariamente de uma transformação digital. Outro assunto, nada distante, se refere aos novos termos que cercam a chamada revolução digital, que devem ser bem entendidos para que se consiga evoluir na transformação. Querer transformar não é querer aplicar sonhos, mas canalizar esforços para implantação de ambiente autônomo em nicho que se tenha justificativas baseadas em benefícios essenciais para a sobrevivência de um negócio ou parte dele (mas não só negócio). E é também um olhar muito mais amplo para as pessoas, os colaboradores, e o planeta, entendendo que é possível reduzir situações de risco num ambiente de produção, por exemplo, ou sobre a possibilidade de minimizar significativamente as falhas humanas em atuações que exigem ações repetitivas por longas e cansativas horas. Realizar uma transformação digital é decidir após observar a viabilidade em caráter sistêmico, que considera custos, claro, mas competitividade por visão de mercado assertiva na dinâmica que as coisas estão acontecendo, é ter a previsão mais precisa de fornecimento de materiais para o negócio que se observa, consciência da concorrência, menos impacto na natureza etc.

Mas com tantas ondas de invenções, tantas campanhas de marketing sobre o que se precisa, e tanta coisa bonita e interessante sob o ponto de vista tecnológico, quais as decisões a serem tomadas? O que não se deve fazer mesmo que estejam todos fazendo? O que é e o que não é Transformação Digital? Todas essas questões são tratadas e respondidas nesta obra, que considero objetiva, resgatando conceitos reais originais, e sobre decisões a serem tomadas, a visão é quase sempre pró-negócio, que pode jogar um banho de água fria nos que perseguem coisas ultramodernas (só por perseguir), mas por outro lado podem aumentar a lucratividade, poupar investimentos sem um retorno que justifique o gasto, ou mesmo salvar um negócio que o futuro já alerta sobre inviabilidade através dos métodos atuais. Na minha opinião, sonhar é necessário e será sempre útil se a motivação for economizar, melhorar os prazos, melhorar a qualidade ou reduzir a insegurança das pessoas, preservar o planeta etc, mas no fim, a viabilidade na análise das empresas é que irá decidir pela transformação, foi assim em todas as fases do mundo e não será diferente porque quase todas as coisas se justificam pelo lucro. Este livro procura apresentar a transformação digital, portanto, não como uma vontade, mas como uma necessidade das pessoas e viabilidade para o negócio, confrontando o modismo e as visões seduzidas pelas tecnologias recém-lançadas, centrando e sensibilizando as pessoas, todas elas, mas especialmente os tomadores de decisão, que podem receber missões desde aumento de produção ou otimização de recursos, até a necessária sobrevivência do negócio. O que eu quero dizer é que o livro considera aquilo que realmente acontece ou pode acontecer como transformação digital, mas não significa que não considera que as pessoas, através de novos valores que admitem, não possam impulsionar as empresas, e para isso é preciso sonhar com um mundo mais integrado, menos egoísta e mais tolerante com o próximo, com a natureza e com os animais.

O QUE É E O QUE NÃO É TRANSFORMAÇÃO DIGITAL

Transformação digital é um termo que chegou com a missão de permanecer até que seja substituído por algo ainda mais inovador que o pensar digital, e apesar de já ser uma realidade ainda em evolução nas empresas, clubes, condomínios, domicílios etc, dela já podemos observar grandes mudanças em nossa sociedade, e isso não vem somente de expectativas de um futuro melhor, como acontecia quando assistíamos a filmes futurísticos e sonhávamos com o que víamos nas telas, mas de aplicação frente a problemas já conhecidos e que se agravam: fila de mercado, restaurante cheio, falta de precisão ao escolher o que usar entre lojas de um shopping, falta de comunicação com pessoas distantes, filas de banco etc. Transformação Digital é um novo termo, mas mais do que isso, tem impulso em uma nova geração de humanos, que observa as coisas e enxerga o tempo e o custo como o seu maior inimigo. Esta geração quase não quer pegar em papel, quase não lê instruções de uso e coloca em desuso um alerta antigo, de meados do século XX: "não pegue o bonde andando!". Ora, estamos diante de uma geração que já entra no jogo com ele em andamento, que usa o aparelho celular e procura ver vídeos online quando não consegue avançar em alguma coisa, que compartilha know-how, que critica, avalia, vê valor na imagem digital, que se lança como formador de opinião mesmo que não tenha preparo sobre o assunto, mesmo que nem seja estudioso ou seja possuidor de qualquer formação ou especialização. É a geração que quer fazer antes de aprender e impulsiona a indústria a atender a este gosto. Lembro-me de comprar brinquedo e ter que esperar pelas pilhas ou de comprar um celular e ter antes que carregar a bateria. Não, esta geração já recebe o celular quase todo carregado, o brinquedo funcionando e tudo obedecendo aos seus comandos mais naturais, aqueles que já faz uso em outro recurso contemporâneo.

Mas então, o que é de fato uma transformação digital? Transformação digital se refere a uma transformação profunda, contundente no que tange às justificativas para que aconteça – e vamos falar sobre isso oportunamente neste livro – mas que esteja calçada pela substituição do trabalho manual por recursos digitais. E veja, caro leitor, no caso de apps como Uber, Easy Taxi, Cabify, 99 etc, qualquer pessoa diria que se trata de uma transformação digital, não é mesmo? Com esses apps para celular, foi possível sanar alguns problemas de locomoção, reduzir custos para os clientes e concentrar as informações (motorista, tempo de viagem, custo, local, avaliação etc.) dentro de um aplicativo para smartphone, correto? Sim, de fato esses programinhas revolucionaram o modo de se pedir transporte, mas é imprescindível se perguntar: essas soluções eliminaram o trabalho humano principal? Claro que não! Alguém pode até dizer que houve uma transformação digital no nicho específico da telefonista que concentrava as chamadas para os táxis ou tornou quase extinta a cultura do sinal para o táxi na rua, mas toda a estrutura – a principal estrutura que faz acontecer, que entrega o serviço – continua na figura humana, e isso já desenquadra, mesmo sob muitos protestos, um app de locomoção como exemplo de transformação digital, ou pelo menos ainda. Para que seja uma transformação digital, dentro do exemplo que foi dado, a figura do motorista já não seria necessária. Eu posso imaginar o que o leitor deve estar pensando e refletindo sobre isso, e pode nem estar convencido sobre esse exemplo do Uber e demais apps do tipo, mas não é simples mesmo, a transformação digital não acontece com justificativas estéticas, pois parecer mais avançado não é transformar, a TD veio para causar mudança, e mesmo os sites e apps de aluguel de imóveis e estadia em hotéis também não são exemplos de transformação digital, não mesmo, são inovações dentro do campo digital, mas ainda estão baseados em núcleo na figura humana, que deve dispor de seus imóveis, dialogar com os pretendentes, receber as pessoas, atualizar informações etc. Por ser um termo amplo, promotor de interpretações até simpáticas e que pareçam justas (mesmo não sendo "corretas" do ponto de vista semântico), as pessoas têm certa dificuldade de entender, porque a Transformação Digital, pensam elas, representa tão somente a transformação cultural, mas não é só isso, acreditem, não é só isso mesmo. Para que seja transformação digital, é preciso que todo o trabalho humano do núcleo do serviço prestado seja substituído por máquinas ou softwares programados e desenvolvidos para interpretar solicitações e formatar serviços ou fabricar produtos. Convido o leitor a pensar agora em inteligência artificial, em novas interpretações através de algoritmos que contemplam e julgam dados complexos gigantes (incluindo vídeos, fotos e sons). Não dá para viajar? Mas é importante salientar, como já foi dito nesta literatura, que apesar de uma solução não ser totalmente uma transformação digital, um nicho dela pode ser digitalizado e isso pode ser benéfico, geralmente transforma o nosso jeito de fazer. Vejamos os terminais de autoatendimento do metrô, que são totalmente digitais e por isso podem ser classificados como transformação digital, lá o indivíduo coloca carga em seu cartão com passe eletrônico, usa o cartão do banco, mas vejamos agora o caso do caixa 24 horas, que é a mesma coisa mas carece de um detalhe: abastecimento do dinheiro. Para esse segundo exemplo, a transformação digital acontece apenas quando pensamos no atendente e nas transações solicitadas, que são substituídas pelos recursos digitais, mas ao abastecer temos muita gente envolvida, de seguranças a profissionais técnicos etc. Se alguém roubar o caixa 24 horas, roubará também o dinheiro que está dentro dele, o que não aconteceria em alguns terminais de autoatendimento do metrô. Há entendimentos e correntes fortes de que no futuro, até mesmo a manutenção poderá ser feita através de máquinas, mas esta é uma visão que ainda engatinha, e como a proposta é mantermos nossos pés na realidade, vamos deixar isso para um encontro futuro. Um outro exemplo que julgo interessante é sobre atendimento médico e dentário, que apesar de poder ser feito por alguns equipamentos à distância, a chamada telemedicina ainda carece de monitoramento e controle especializado humanos, fazendo uso das máquinas apenas como extensão dos membros de profissionais. Isso significa que a figura do profissional é necessária, mas o mesmo provavelmente não acontecerá com os corretores de imóveis e atendentes de balcão, que poderão ser extintos com a onda digital de autoatendimento, mas alerto, sobre o atendente de balcão há um exemplo na Noruega em que mercados deixam que um cliente pese o que quer comprar, embale e pague, mas isso não é um ganho da transformação digital, porém um exemplo de sociedade que alcançou níveis diferenciados de educação e respeito, tornando possível a adoção deste modelo, mas é claro que ainda cabe uma transformação digital para negócios como este exemplo, pensando em um modelo que adote monitoramento por câmeras e sistemas que identificam comportamentos para evitar furtos e erros na hora da compra, acionando comandos que intimidem e corrijam essas questões, só que isso tudo precisa ser viável, além de necessário. A transformação que está no campo filosófico, precisa ser discutida, mas há uma corrente que acredita que a transformação só será completa mesmo, e aí abro espaço para discussões mais complexas, quando não houver envolvimento humano nas operações de bastidor e de atendimento, mas prefiro não ficar preso a qualquer viagem sobre essa discussão, embora o livro comente sobre questões de mão-de-obra e a modernização do trabalho.

Para que uma iniciativa seja considerada transformação digital, é preciso interpretar qual é o núcleo da atividade. Imagine que para se limpar o fundo de um tanque de combustível eu substitua a figura humana que limpa (esse é o verbo) por um sistema robótico, e na sala de controle eu tenha um profissional especializado. Neste caso, trata-se de transformação digital, e toda a questão tem relação, portanto, com a atividade núcleo. Mas a verdade é que o mundo tem nos transformado, e é possível constatar a presença de meios digitais a todo o momento, já não vivemos sem eles, então o ideal é que o conceito possa ser captado na subjetividade do benefício para o usuário. O que eu quero dizer? Imagine que para se pegar um táxi, uma pessoa considera sacar dinheiro, andar até o ponto e fazer sinal ao carro quando passar, além de se preocupar muito com a chegada do veículo e não ter a menor ideia de como está o trânsito... Se a pessoa perceber esse número de questões como transformadas de maneira relevante por conta de um recurso digital, então não há quem tire isso dela, é transformação digital e ponto final.

Figura 1: terminal de autoatendimento (self-checkouts) do supermercado Zona Sul, na cidade do Rio de Janeiro. O próprio cliente passa os produtos na leitora ou usa a opção de pesar, e depois consegue pagar na mesma máquina.

COMO REALIZAR TRANSFORMAÇÃO DIGITAL E EVITAR AS MODINHAS E OS FORTES DESEJOS TECNOLÓGICOS

Desejar é um vilão conhecido. O que mais se fala hoje dentro do tema "Transformação Digital" é sobre a sua implantação e a organização para que ela aconteça. Mas a questão é que ninguém discute o principal problema que impede que se transite para uma mentalidade transformadora: a real necessidade de se transformar. Sim, o tema é tão envolvente que muitas vezes nos pegamos ou vemos pessoas que querem gerar uma mudança pelo simples fato de que deve ser assim e pronto, seja por admiração à nova tecnologia, ou mesmo para que pareçamos antenados sobre o que há de mais novo em tecnologia. A título de exemplo, se a empresa tem apenas um ou dois funcionários que moram distante, por que ela teria um transporte exclusivo para pegá-los? Pode até ser que se tenha justificativa, mas em geral uma empresa não manteria um veículo e seu motorista para isso, não é mesmo? Parece que se trata de um exemplo deslocado do tema, e até é, mas a lógica é muito parecida e não há nada a ser inventado: estudo de viabilidade, os benefícios e a manutenção da qualidade. Qual o sentido de se colocar um contador eletrônico de peças produzidas se eu produzo apenas meia dúzia por dia? Desta forma, mantendo-se focado na máxima filosófica "dos fatos às ideias" – e nunca o contrário – gestores e tomadores de decisão mantêm seus pés no chão para atuarem com disciplina no investimento, além disso, mesmo que haja um fato, a comparação com as soluções analógicas ou pouco tecnológicas deve ser feita sempre, até que a empresa se depare com vantagens que sustentem determinada transformação digital. Importante deixar claro que a visão de viabilidade da empresa é diferente da visão que tem um consumidor final que queira consumir alguma tecnologia. Para este último, quem decide é ele e a viabilidade é subjetiva, mas para uma empresa o que vale sempre é o olhar sobre o impacto na saúde dos negócios.

Figura 2: um robô lançador de bolinha de tênis de mesa (ping-pong), que pode lançar de forma aleatória.

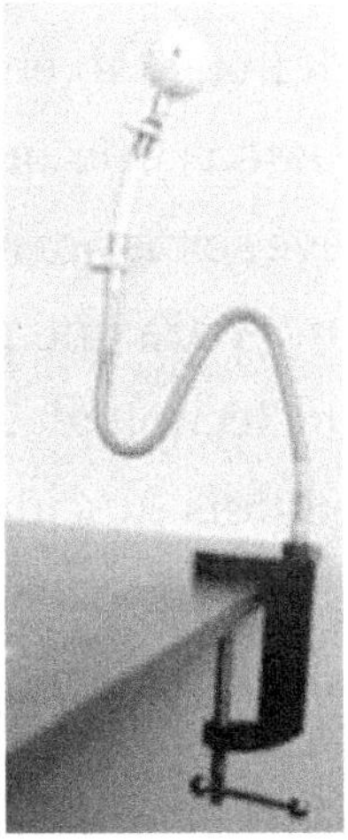

(Fonte: site AliExpress)

Um outro vilão da transformação digital é trabalhar sem um projeto por planta, com iniciativas isoladas. O primeiro passo que profissionais encarregados em otimizar a produtividade devem ter em mente é efetuar o levantamento da singularidade dos espaços da empresa e mapeamento de todo o processo, desde escritórios a áreas de operação e produção, caso haja, e o desenho das inter-relações deve ser feito logo após a documentação de cada um desses espaços. Profissionais precisam ser ouvidos, isso é claro, e consultados sobre o que recebem das áreas e o que esperavam receber em termos de tarefas, além de informar o que entregam e para quem entregam o que produzem. É bem provável e absolutamente normal que seja demandada uma série de ajustes tecnológicos e/ou de processo para o interfaceamento dessas áreas e para a padronização dos ambientes de mesma funcionalidade, levantando o papel ou peso de influência de cada uma dessas áreas até a produção (talvez a parte mais difícil a ser feita), mas concentrando energias em conhecer e classificar cada espaço empresarial (visualizar clusters ou nichos) e imaginar perceber exaustivamente no futuro, as mudanças que ocorrem naturalmente em cada uma das classes de ambientes ao longo do tempo, até que se adaptem às pessoas e suas necessidades. E se preciso for, através de realidade aumentada para qualquer simulação.

Há também um conceito denominado *mixed reality*, ou em português realidade mista, que se trata da união de ocorrências de elementos da realidade virtual com a realidade aumentada. Como assim? Na realidade aumentada um objeto pode ser visualizado num ambiente e não oferece interação com elementos contidos no ambiente, mas na realidade mista, há inserção de objetos num ambiente e elementos presentes, como pessoas e animais, podem interagir com esses objetos como acontece com a realidade virtual.

Figura 3: simulação de mesa em ambiente, através de realidade aumentada.

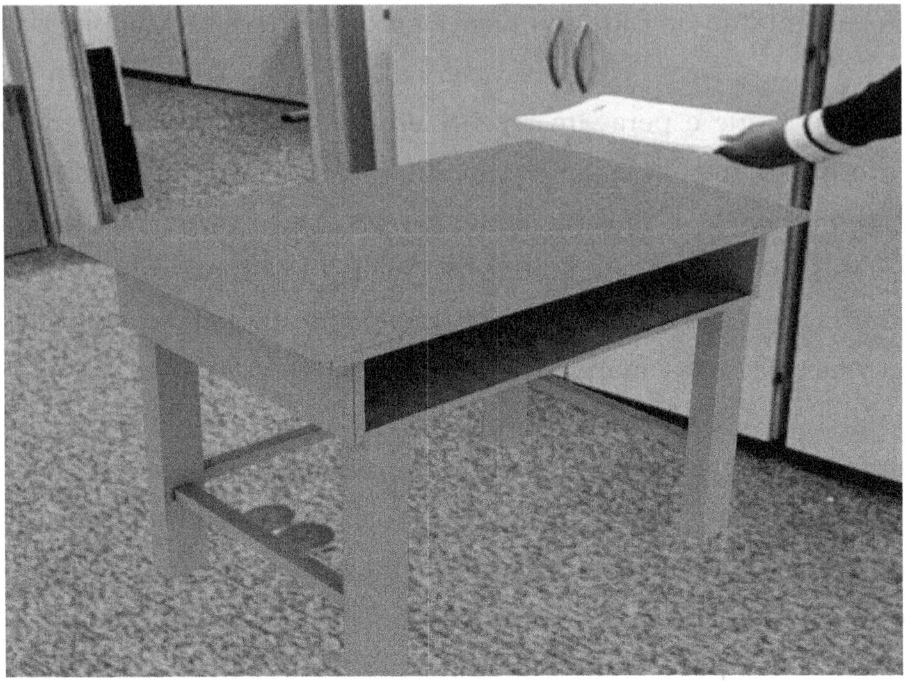

Ao fim do processo de conhecimento de cada uma das plantas, importante um trabalho dedicado a observar toda a problemática existente na produtividade (fases e pontos antagônicos ao tempo e qualidade) e propor a mudança com estudo complexo sobre ganhos com a transformação digital. Para isso, as tecnologias disponíveis devem ser conhecidas e um grupo especializado de pessoas deverá se concentrar nas etapas mais frágeis de cada uma das plantas, e contextualizar tecnologias inovadoras. Cada planta precisa de um projeto e a ausência disso é ignorar os fatos, é caminhar para um estado de inércia que na verdade pode estar movimentando a empresa para uma ineficiência ainda pior num futuro próximo, reduzindo competitividade ou aumentando seus custos, por exemplo. Os projetos devem observar as demais plantas, dando sentido a todos os ambientes como uma engrenagem da corporação.

Drones, entre o entretenimento e a seriedade

Drones são veículos aéreos que não têm uma tripulação, mas há controle feito remotamente por pessoas ou sistemas programados com coordenadas predefinidas. Drone quer dizer "zangão" e em português se ensaia VANT (Veículo Aéreo Não Tripulado) ou VARP (Veículo Aéreo Remotamente Pilotado), mas é muito pouco provável que a gente ouça isso no Brasil. Há diversos tipos de drones comercializados, que podem ser controlados inclusive através do celular, e há muitos tamanhos e aplicações também, mas a maioria é aplicada ao entretenimento e alguns outros são próprios para aplicações profissionais ou de risco. Um drone pode alcançar lugares que representariam muito risco ao ser humano, e fazer um trabalho de inspeção usando câmeras de altíssima resolução (4K, 8K...). Além disso, drones podem executar tarefas como a de apagar incêndios, se adaptados ou equipados, podem transportar ferramentas, alimentos etc. É um veículo, portanto pode ser explorado em diversas ideias. Recentemente vi um projeto de monitoramento de áreas privadas (como centinelas), mas vi também um amigo divulgando um *banner* com dados da sua casa para alugar em temporadas.... A verdade é que, em conjunto com outros conceitos, drones podem ser muito úteis, melhorando a eficiência dos atendimentos, podendo gerar economia e reduzir acidentes.

Antes de se atuar em uma transformação digital, todos temos que nos atentar, portanto, sobre qual a motivação e refletirmos sob hipóteses ou soluções mais simples e baratas. Se há necessidade de se transformar um ambiente, por que deve ser digital? A resposta deve vir através de estudo sério, pois algumas vezes o ambiente pode sofrer alterações simples e a empresa não consegue progredir porque busca o tempo certo e recursos para um salto. O ótimo pode ser inimigo do bom e fazer as coisas ficarem estagnadas.

INDÚSTRIA 4.0, O CONCEITO QUE NASCE DENTRO DA TRANSFORMAÇÃO DIGITAL

Todos conhecem bem a história da Revolução Industrial dada na Inglaterra e resumidamente podemos conceituar que foi um conjunto de iniciativas de mudanças que aconteceram em todo o continente europeu. As principais mudanças desta revolução, que podemos chamar aqui de Revolução Industrial Pioneira, foram relacionadas à substituição do trabalho de artesãos, sobretudo com relação à indústria têxtil, pelo trabalho de profissionais remunerados e usando máquinas posicionadas de forma lógica até o fim do processo produtivo. Antes disso, a maioria das pessoas vivia em fazendas e produzia para o próprio consumo, de forma rudimentar e em baixa escala, exigindo muitas horas trabalhadas para atender a um escopo mais elevado. De lá para cá, a indústria foi se tornando a principal origem da produção para consumo, atendendo a públicos das mais diversas exigências e em tempo reduzido, consequentemente custo mais baixo. Impulsionada pelo crescimento populacional, maiores necessidades das pessoas e atendimento a distâncias cada vez maiores, a Segunda Revolução Industrial é entendida pela evolução do setor energético, compreendendo o petróleo e energia elétrica; o crescimento da metalurgia (especialmente o aço); a química de maneira geral; e a invenção do motor a combustão. Com maior avanço da eletrônica em diversos aspectos, o uso de computadores pessoais, a gigante evolução das telecomunicações (satélites, celular, redes locais, Internet etc) a sociedade mudou seu rumo e essas tecnologias se tornaram indispensáveis para o nosso dia-a-dia. Muitos estudiosos rotulam esta fase como a Terceira Revolução Industrial.

Mas então, do que se trata a Industria 4.0? A Industria 4.0, a Quarta Revolução Industrial, ou também conhecida como a Indústria Digital, trata-se de um conceito elaborado na Alemanha, inclusive com forte incentivo do Estado, para a integração de máquinas, processos, pessoas, dados etc. Comumente é entendida dentro da semântica de "Fábricas Inteligentes". A Indústria 4.0 explora ou conta com algumas tecnologias para automação da produção, comunicação de toda a cadeia, e apresenta um número infinito de oportunidades para que se tenha um produto dentro das expectativas, menor custo, menos risco de acidentes, melhor escala de produção etc. Muitos caracterizam a Industria 4.0 como a diminuição da interface humana, até é em alguns aspectos, mas na realidade não descarta a atuação humana do quadro da empresa, apenas apresenta outras atividades mais especializadas e menos expostas a acidentes e falhas pela reduzida precisão humana. A indústria digital conta com computação em nuvem, big data, mobilidade, segurança, realidade aumentada etc. O ideal de uma indústria digital é que ela tenha uma cópia digital dinâmica de toda a planta (digital twin), para que seja acompanhada por recursos de realidade virtual e aumentada, e produza informações relevantes a gestores no tempo em que as coisas acontecem. Imagina que ao invés de contar as peças que já foram produzidas, uma indústria tenha – além da contagem automatizada – sensores, câmeras e algoritmos que sejam capazes de julgar qualitativamente uma unidade de produto e dar o tratamento previsto num processo maduro e mapeado, não seria ótimo? Mas o conceito não para por aí, aliás, o conceito é ilimitado e a evolução deste conceito é que toda a cadeia, pertencendo ou não à mesma indústria, comunique-se, evitando surpresas de fornecimento e consequentes desperdícios.

Para que seja real, uma indústria deve começar com um processo maduro, onde se mapeie todo o dinamismo em toda a cadeia de produção. A gestão de estoque e logística de distribuição devem ser mais ágeis e eficientes e a demanda nasce daí, mas a gestão deve ser aprimorada, de maneira que os indicadores sejam visualizados e compreendidos pelos profissionais do ambiente de produção (implementação de quadros de gestão à vista, por exemplo). Resumidamente, os novos empregados do "chão de fábrica" devem participar do processo de gestão, mas mais do que isso, imagine que os fornecedores de equipamentos recebam informações de seus recursos na linha de produção de seu cliente, permitindo tomarem decisões sobre fabricações futuras com base em aprendizados ou com relação à manutenção ou substituição de uma peça dentro da sazonalidade de seu cliente, evitando impactos na produção. Há muito o que se imaginar, mas uma indústria deve se concentrar na gradual evolução e sempre com vistas à viabilidade econômica, considerando a filosofia "dos fatos às ideias".

Figura 4: tecnologias e recursos em torno do conceito Indústria 4.0

Outra questão muito importante se refere ao conjunto de informações sobre tudo acerca da produção e consumidores. Estes últimos carregam um conjunto imensurável de comportamentos, gastos e decisões tomadas por valores, e que levam a escolher determinado produto. A esse conglomerado de informações difíceis de serem tratadas pelos meios convencionais de tratamento de dados no tempo requerido, chamamos de Big Data. Para se trabalhar Big Data, com textos, imagens, vídeos, áudios etc, faz-se necessário a aplicação de algoritmos, inteligência artificial, contar com alta velocidade de processamento e das redes, disponibilidade de dados em nuvem, mineração complexa etc. Imagine, a título de exemplo, que antes de produzir casacos na cor vermelha, um fabricante tenha a visão da demanda de consumo de clientes que utilizariam o casaco nesta cor, mas também tenha visão do volume já entregue ao mercado por concorrentes e até as decisões de outros fornecedores em produzir.

Tabela 1: Índice Global de Inovação 2018

1º. Suíça	11º. Coreia do Sul
2º. Suécia	12º. Irlanda
3º. Estados Unidos	13º. Hong Kong
4º. Países Baixos	14º. China
5º. Reino Unido	15º. Japão
6º. Finlândia	16º. França
7º. Dinamarca	17º. Canadá
8º. Singapura	18º. Luxemburgo
9º. Alemanha	19º. Noruega
10º. Israel	20º. Islândia
...	**66º. Brasil**

(Fonte: site canaltech.com.br)

AS PESSOAS, A MÃO-DE-OBRA DO ARTESÃO, A ATUAÇÃO EM ÁREAS OPERACIONAIS E UMA BREVE VISÃO SOBRE O MOVIMENTO MAKER

Um fato sempre discutido em Transformação Digital é o de que as pessoas serão substituídas. Ora, apesar das previsões de crescimento tecnológico e máquinas que substituem trabalhos manuais, artesanais e afins, lembremos que a revolução industrial não acabou, por exemplo, com a costura personalizada e com o trabalho dos artesãos, mas foi necessariamente importante porque pôde dar condições de atendimento numa escala muito maior, em menor tempo e também menor custo. Quando se fala em fim do trabalho manual através da transformação digital, é preciso entender que os trabalhos de baixa especialização, os de alto risco e que demandem extrema precisão e os que precisam de maior eficiência são o foco principal desta onda de transformação, mas isso não acontece de forma instantânea, porque além da necessidade de se estudar a viabilidade para se aplicar a transformação digital, e essa não é uma condição universalizada (viabilidade de se transformar uma indústria competitiva na Alemanha versus viabilidade de se transformar na Jamaica, por exemplo), há longo período transitório, que apesar da automatização de atividades crescer inversamente proporcional ao crescimento de determinada atividade manual, serão criadas outras profissões mais, como aconteceu na revolução industrial (auditoria, controle de qualidade, avaliação de resultados, administração do tempo, engenharia de produção, técnico de segurança no trabalho e por aí vai uma infinidade de profissões). O que deve ser preocupante, assim interpreto e divido com vocês neste livro, é que novas funções devem receber a atenção do campo acadêmico, e aqueles que desenvolvem tecnologia devem ter exaustiva preocupação com relação aos profissionais que suportam o que implantam na transformação, especificando desde conhecimentos técnicos específicos e necessários para o novo profissional demandado, até o perfil para a atividade.

Apesar de toda essa previsão, profissionais com habilidades ainda nos modelos artesanais podem se apresentar como pessoas diferenciadas, cobrando preços mais altos pela personalização ou pelo caráter clássico do trabalho e toda a poesia ao redor. Pode parecer um exagero ou sentimento de solidariedade, mas basta olharmos para o artesão de instrumentos musicais hoje, um olhar também para a pessoa que faz, por exemplo, casacos de lã manualmente, estas são pessoas com atividades manuais e que agregam valor pelo trabalho lento e pensativo para que alguém leve para casa algo que, apesar de poder ser "imperfeito", geralmente mais caro e sem a garantia de um padrão considerando uma análise precisa sob o ponto de vista da qualidade, não existirá idêntico. Vejamos que esse caráter de exclusividade é tão procurado que é também explorado pela indústria de alta escala, alguém pode duvidar, mas basta lembrarmos dos equipamentos criados em série limitada (carros, bolsas, sapatos, chapéus, celulares etc.). A gigante chinesa Xiaomi, por exemplo, tem lançado um número limitado de smartphones que fogem da linha padrão, os chamados Explorer Edition, que permitem que o usuário veja o interior do aparelho (placa, circuito, chips etc.). Isso significa que a exclusividade, ou a baixa probabilidade de se encontrar um produto igual, é lucrativa, e onde há lucro, há quem faz ou queira fazer, inclusive as grandes se preocupam com isso.

Figura 5: aparelho celular Xiaomi Mi 9 Explorer Edition, lançado em 2019 com série limitada.

Fonte: site tecmundo comparador.

Recentemente, em maio deste ano, a Organização para Cooperação e Desenvolvimento Econômico (OCDE) divulgou um relatório onde aponta que quase a metade dos empregos não existirão mais com a vinda de robôs, gerando insatisfação especialmente em países mais industrializados. Mas o relatório diz também que haverá novas oportunidades, mas alerta que serão oportunidades mais exclusivas aos mais qualificados, o que julgo uma tendência independentemente da onda de transformação digital, mas porque as escalas de consumo estão cada vez mais desafiadoras e a energia e impactos ecológicos precisam ganhar mais atenção. Os números da OCDE são curiosos e podem prever certo desconforto da classe trabalhadora caso as mudanças no próprio trabalhador não aconteçam desde já, e com uma tendência a diminuir a proteção dos sindicatos, como temos vistos em políticas liberais, os contratos temporários e informalidade podem gerar perda de qualidade de vida para as pessoas.

Tabela 2: os números da OCDE

14% dos empregos podem desaparecer devido à automação de 15 a 20 anos
32% dos empregos devem mudar radicalmente por conta da tecnologia
1 em cada 7 atuam por conta própria — 1 em 9 tem contrato temporário
6 entre 10 trabalhadores não possuem habilidades básicas em TI
A participação em sindicatos caiu pela metade nas últimas três décadas

Fonte: Época Negócios Online

O Movimento Maker e a democratização da inovação

O termo teve seu início em 2005 quando era criada a revista *Make Maganize* (ainda em circulação) e apresentava temas que despertava interesse de simpatizantes de tecnologia. Mas o fato é que o criador desta revista (Dale Dougherty) acredita que este movimento será responsável por explodir a criatividade nas pessoas, e eu acredito, portanto, que a cultura de se fazer (a cultura maker) é uma forte ameaça às grandes corporações como detentoras da produção das coisas. Mas como tudo isso tem acontecido? Na realidade é um efeito que se apresenta como consequência de algumas realidades: a) Internet como pulverizadora de todo o tipo de informação; b) por questões socioeconômicas (a falta de empregos, renda baixa etc); c) pelo encorajamento através dos casos de sucesso presenciados nas redes; e d) pela facilidade de se encontrar um lugar para vender os produtos criados. De aplicações para computador e apps de celular, ao artesanato mais simples, ou qualquer outro produto ligado ou não à tecnologia, já é possível encontrar na Internet. Convido o leitor a observar a rede Instagram e perceber que as abordagens comerciais não se resumem aos grandes empresários (embora as maiores divulgações ainda saiam de empresas assim), mas todos que acessam já percebem oferta de produtos mais caseiros, como doces, bordados e até serviços. O movimento é um salto importante e pode estar desenhando um futuro parecido com manifestações artesanais do passado, o que seria um forte choque à indústria 4.0 ou na verdade um agregador a este movimento industrial, se observarmos a captação das ideias e fornecimento de protótipos pelos *makers* independentes. Mas há quem diga e defenda que o movimento *maker* chegou para apresentar novos hábitos de consumo com a visão voltada para o produtor, a garantia da qualidade de quem cria, e pode assim ser visto como o início de uma enorme onda reversa ao que se apresentava na mente de mega empresas que ditavam as regras globais. Eu particularmente não sou tão otimista (ou pessimista) assim, pois não consigo imaginar, por exemplo, empresas de fastfood perdendo o mercado de maneira tão expressiva, porque o fator econômico ainda conta muito e isso pode ser determinante na hora da compra. Vejo atualmente os *makers* direcionados à produção de hambúrgueres e que muita gente mudou seu hábito para sanduíches mais artesanais, mas lanchar em uma lanchonete de alta produção pode ser três vezes mais barato que comprar um belo hambúrguer de um vendedor ambulante em um caminhão (*food truck*). Vamos ficar atentos a isso, mas o fato é que o momento é de oportunidades àqueles que têm uma ideia diferente, especialmente que represente economia e facilidade de uso.

OS DIAS CONTADOS DE ALGUMAS EMPRESAS

Dias contados? Quando criei este capítulo tive medo de me apresentar como uma pessoa pessimista ou condenadora das formas antigas de se fabricar ou prestar serviços, ou até mesmo de parecer me opor aos meios artesanais, vez que alguns produtos estão ganhando destaque principalmente por divulgarem o resgate da escola tradicional, apresentarem coisas saudáveis e adaptadas ao modo individual das pessoas, mas na verdade não é isso que eu estou propondo, mas de se atender a um mercado na dinâmica que ele espera ser atendido, com preços adequados e se mantendo vivo frente a empresas concorrentes, com produtos similares ou que podem ameaçar os negócios. Vejam, uma empresa com sede na cidade do Rio pode ter vantagens de abastecimento nesta mesma cidade, caso comparada com uma outra cidade em outro estado? Sim, claro que sim, mas esses são custos que todas as empresas têm, quando querem seus produtos espalhados pelo país, pois podem não ter tantas vantagens em outros estados e certamente terão que adequar seus preços ou reduzir suas margens para chegarem a um outro mercado ou até mesmo justificarem a expansão ou criação de outra fábrica mais estratégica. Mas neste capítulo eu falo sobre a adequação que uma empresa deve fazer sob o ponto de vista tecnológico para se manter firme no futuro, e até no presente, e chegar a gastos menores que não se resumam aos gastos diretos oriundos da produção, mas com menor tempo em contagem, melhoria da logística por ter visão integrada de seus demais fornecedores de serviços, redução significativa ou total de acidentes, maior visão da expectativa do mercado com relação à quantidade que deve consumir, maior competitividade frente a seus concorrentes, posicionar-se com visão sobre impactos ao meio ambiente etc. Então uma empresa com os dias contados é uma empresa que sofre maior desgaste para se equalizar ao que a demanda do mercado requer (quando consegue), que seus concorrentes mais modernizados, eficientes e com menor risco a falhas de fabricação. Já era assim no passado, mas quando se fala em perdas por estar ancorado em visões simples de negócio, é que uma empresa não terá fôlego para atender a um mercado e elaborar a sua estratégia para eventos mais apontados no futuro. Não resumo a minha fala em pesquisar o mercado, como já era feito, nem tampouco quero apresentar um único problema-núcleo, e assentar essa discussão sobre ser sustentável e trabalhar inclusive com economia circular (redução, reutilização, recuperação e reciclagem de materiais e energia), mas em um projeto amplo para a empresa, em que as informações para suporte à decisão tenham forte subsídio de sistemas e julgamentos por algoritmos e inteligência artificial, promovendo uma direção mais assertivas e executivos pensando com base em simulação responsável. Uma empresa saudável não é uma empresa de processos rígidos, assim penso, mas em processos fortes e que se modifiquem na dinâmica que o futuro requer, com clareza, confiabilidade, foco e um link estratégico inegociável, pois uma empresa que não se inter-relaciona como engrenagens dentro de uma máquina já era considerada uma empresa com problemas de gestão caros, mas à medida em que as engrenagens assumem vida artificial (resposta e atuação de sistemas) diante de lógicas oriundas de processos alinhados aos valores da empresa e ao que requer o mercado, cada uma das áreas terá cada vez menos espaço na janela de tempo para se receber ou enviar entregáveis até o abastecimento de produtos.

São muitas possibilidades e conceitos a serem aplicados, e gestores não têm que transitar para qualquer facilidade ou recurso que não sejam justificados, mas é importante o exercício de se conhecer as vantagens, de abrir a mente e remover o que ancora a empresa, pensar na frente. As empresas, para conseguirem se modernizar, precisarão montar seus planos estratégicos e olhar as oportunidades, aquilo que gostariam de atingir, mas quando conhecerem as informações que não têm, devem planejar tê-las exaustivamente. Imagine que uma empresa para fazer camisas, precisa saber quantas daquele modelo têm sido vendidas nos sábados no shopping. Essa informação é uma das coisas, mas mais ainda, poderiam saber qual o perfil dos seus compradores no tempo em que as vendas acontecem. Este tipo de desafio pode ser uma realidade dentro do conceito de transformação digital. Isso pode ser promovido por ferramentas, claro, mas por relações entre empresas e fornecedores, por redes etc. Algumas pessoas podem dizer que se uma empresa já não se organiza dentro das boas práticas atualmente, difícil que ela se perceba e entenda o seu espaço para outras oportunidades, certo? Certíssimo! A Transformação Digital vem para expandir as ideias, quebrar paradigmas, vencer desafios, promover informações que antes eram praticamente impossíveis ou inviáveis, mas atenção, **a TD só será observada como oportunidade para aqueles que esgotam esforços nos padrões atuais**. A próxima imagem nos apresenta uma rotina simples de compra de matéria-prima, produção, armazenamento e distribuição. É óbvio que nem toda a organização está embutida neste desenho superficial, e este vetor apresentado na figura omite processos, responsáveis por atividades e todo o restante da logística que garante o sucesso da produção, mas a ideia é mesmo de apresentar visões simples e o quanto elas podem ser trabalhadas a partir do que se pode esperar da transformação digital. Quero dizer que todos os mecanismos geradores de informação para uma empresa, seja da experiência que gera a inteligência do negócio por conhecer muito bem o seu mercado, seja com relação a outros fatores externos que por pegar a empresa de surpresa, obrigava que esta tivesse alguns planos B caros. Imagine a quantidade de alimentos que retornam por atingirem a data de vencimento antes da venda, imagine se isso puder ser corrigido ou amenizado através de informações antes da produção. Ora, se eu sei quantas pessoas comprarão meu produto, eu fabrico somente esta quantidade, mas esta não é uma informação que se tem facilmente, uma vez que o próprio cliente nem sabe que irá consumir seu produto, mas ter um balanço comportamental através de ferramentas poderosas de análise de dados, observando as relações, entendendo – por exemplo – que o adolescente que comprava tinta para pintar o quarto, hoje gasta o seu dinheiro em créditos para celular ou créditos para games no Google Play, conseguem perceber isso? Ter uma visão disso faz todo o sentido e tornar esta visão ainda mais clara é fator que pode alavancar uma instituição por tamanha vantagem competitiva.

Figura 6: ilustração simples de produção e distribuição.

Vetor Simplificado de Produção e Distribuição de Pães e Bolos

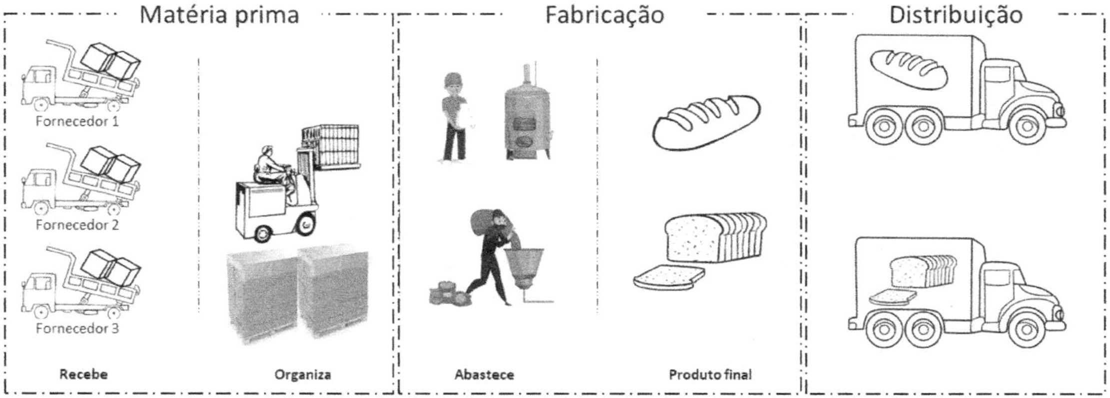

Antes (atua reagindo ao período de venda anterior ou se prepara para períodos sazonais já conhecidos de tempos passados)	Setor de compras encomenda com fornecedores de acordo com a quantidade, o prazo de envio e custos.	Área mantem estoque médio variável com análise de data de validade x consumo para a produção.	Profissionais abastecem maquinário dentro das tarefas recebidas para produção de pães de acordo com a média comprada. Logística armazena produção abrigando de calor e contaminação.	Veículos distribuem para centros de venda de acordo com os pedidos que chegam ao fabricante.
Exemplo de Transformação Digital (atua considerando as visões em toda a cadeia. Gestor conhece os padrões de consumo, mas vai além da sazonalidade, ele poderá identificar quem quer comprar seus produtos, pode otimizar transportes da rede, pode comprar mais ou menos porque são informados de quando um pão é comprado, quem sabe podem saber quando um pão é desejado por alguém que depois resolveu comprar outro etc. Uma infinidade de informações a serem conhecidas para auxiliar na tomada de decisão.	Sistemas recebem instruções sobre fornecedores mais rápidos e com melhor preço e decidem por uma compra precisa assertivamente.	Mantido estoque mínimo necessário, com base em informações mais inteligentes que decidiram pela compra. Materiais que parecem ter sido comprados em exagero, podem ser negociados numa rede com outros fabricantes que consumem esta matéria prima etc.	Máquinas são abastecidas por outros equipamentos autônomos e com base na produção programada e orientada por sistemas que analisam a necessidade de abastecimento. Equipamentos alimentados por fonte de energia limpa, sem desperdícios, utilizando a energia solar, por exemplo, produzindo em equipamentos que podem parar a produção sem impactos de mão-de-obra parada de pessoas. Toda a produção pode ser analisada à distância e em tempo real.	Áreas com simulação de carregamento de veículos, visão de realidade aumentada, monitoramento do estoque de clientes revendedores, atividade de fornecimento não aguarda ou se limita a solicitação de compra, mas decide com base nas vendas que estão acontecendo a cada instante.

É também importante entendermos que a transformação digital não se apresenta somente com alta tecnologia e robustez, uso de inteligência artificial etc., mas também na substituição de atividades manuais imprecisas por equipamentos que podem contar, medir, pesar.... Vamos todos pensar em uma área de uma empresa que fica encarregada de montar a alça de bolsa, e que se depara com um número de 5% dos reclamantes dizendo que as alças arrebentam no tecido quando com muito peso, 12% dos que reclamam falando sobre o fecho que se abre em temperaturas muito frias e outros 6% que reclamam que o fecho emperra sob temperaturas mais altas. Estes dados são simples de se colher, trata-se de um questionário que ouviu os clientes que reclamam de qualidade. Tudo pode ser corrigido com medidas de reforço, ensaios de tração etc., mas a crítica que se deve absorver frente aos reclamantes, é sobre o processo de produção: qual o peso de defeitos por culpa de atividades manuais? Se a questão for respondida com um número que justifique o investimento (a viabilidade), então o caminho é esse, mas há mais uma questão a ser pensada: será que a empresa não está correndo riscos de ter a sua imagem comprometida com o número de reclamações que se conhece e sabe ser por consequência de falhas humanas? Então a decisão é da empresa, aliás sempre é, e os gestores devem estar antenados sobre as consequências das tomadas de decisão antes delas ocorrerem e já traçarem um plano de amenização destas consequências sabidas, do contrário, as notícias ruins.

E aquelas instituições que possuem um produto muito tradicional e muito vendido pelo mundo todo, mas não se preocupam tanto com grandes mudanças ou dão passos mais lentos e conservadores, estão em risco se não evoluírem? A curto prazo eu diria que não, mas acho que podem sentir uma queda nas vendas e mesmo assim conseguirem seguir adiante por algum tempo, mas o que pode acontecer também é concluírem que uma parte ou várias partes da instituição não são mais necessárias, ou que precisariam subverter uma determinada filial ou nicho de negócio para continuarem no mercado. E isso quando não se deparam em situação delicada, ou ainda um cenário que as obriguem a viver uma cisão (spin-off) e o surgimento de novos grupos de acionistas que estabeleçam uniões com outros grupos ou empresas de mesmo ramo. Essa prática foi comum em tempos passados e pode ser o caso para algumas instituições que não observem a transformação necessária para manterem a fatia de mercado que têm a algum tempo. A figura 7 se trata de uma simples ilustração, mas fica claro que há uma problematização acreditando que a cisão deriva de questões mais atuais. Vejamos:

Figura 7: ilustrando um modelo de construção de uma empresa com derivadas.

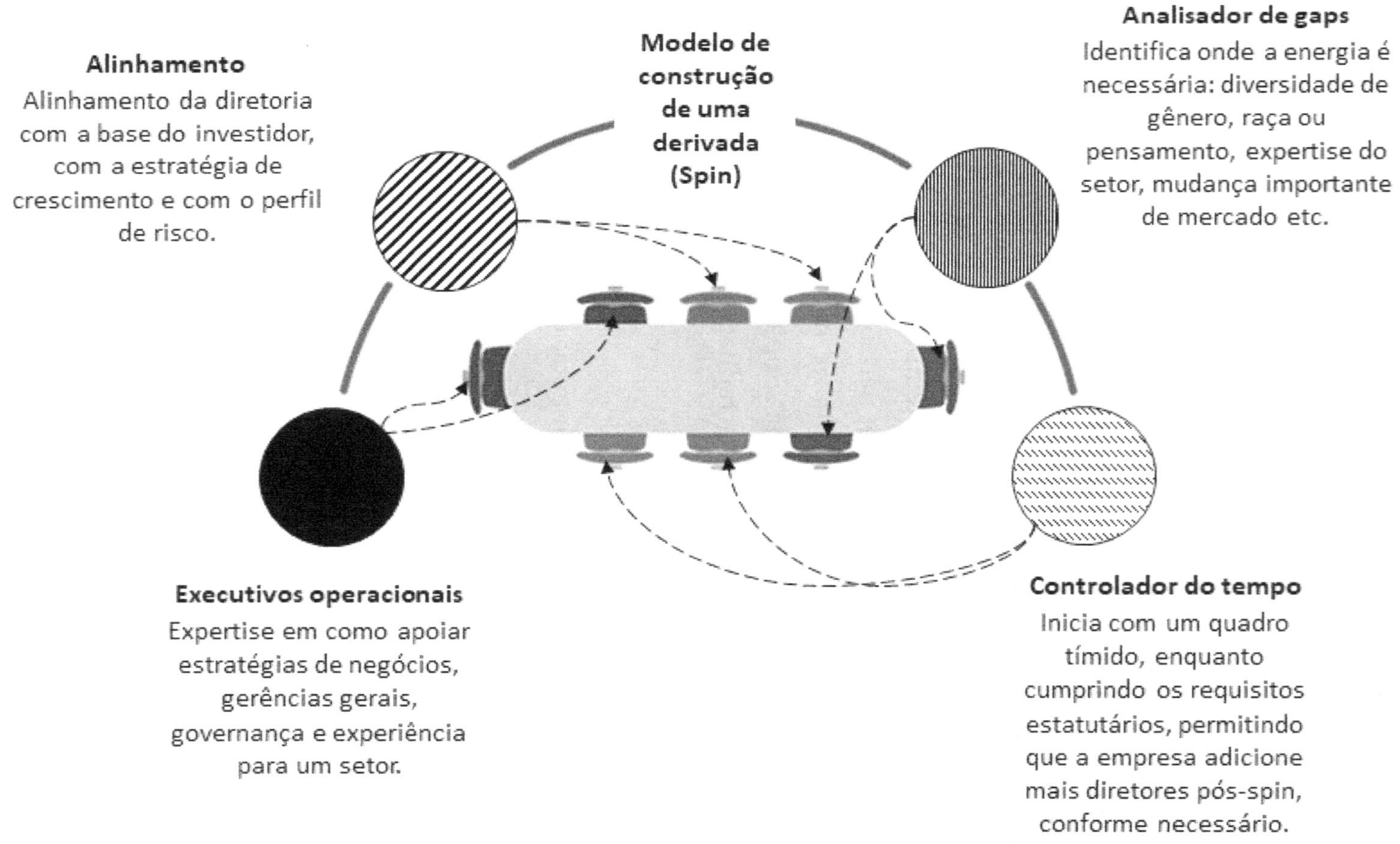
Modelo de construção de uma derivada (Spin)
Alinhamento
Alinhamento da diretoria com a base do investidor, com a estratégia de crescimento e com o perfil de risco.
Analisador de gaps
Identifica onde a energia é necessária: diversidade de gênero, raça ou pensamento, expertise do setor, mudança importante de mercado etc.
Executivos operacionais
Expertise em como apoiar estratégias de negócios, gerências gerais, governança e experiência para um setor.
Controlador do tempo
Inicia com um quadro tímido, enquanto cumprindo os requisitos estatutários, permitindo que a empresa adicione mais diretores pós-spin, conforme necessário.

OS HACKATHONS, A DISPUTA POR SOLUCIONAR E AS TÉCNICAS DE APRESENTAÇÃO ENVOLVIDAS NESSES EVENTOS

Hackathon, ou no aportuguesamento para hackaton, é uma palavra recente (criada no ano de 1999) que deriva das palavras inglesas Hack e Marathon, e seu significado é Maratona de Programação. Em outras palavras, o termo representa também uma maratona de tecnologia, e se trata de um evento que tem como objetivo apresentar soluções para problemas apresentados ou conhecidos. Esses eventos têm durações variadas, que podem levar dias, e os participantes, que apresentam prováveis soluções, concorrem a prêmios de vários tipos. Os hackathons estão cada vez mais populares pelo mundo e pelo sucesso das práticas, por trazer excelentes resultados, já podem ser considerados os meios mais eficientes para a captação de ideias e soluções. Antes exclusivo para desenvolvedores, hoje o modelo hackathon está sendo adotado por outras áreas, que basicamente envolvem seus profissionais para apontamento dos problemas identificados, e assim – posteriormente – elegem os projetos mais adequados para o momento. De maneira geral, os profissionais observam os projetos eleitos e se candidatam para a coparticipação e assim nasce a composição do time, com perfis adequados à expertise que o projeto requer.

Mas o que torna um evento de hackathon tão especial e eficiente? Na realidade é todo o modelo objetivo que este evento traz, mesmo sabendo que tem muito a evoluir ainda, mas a força do tempo curto leva um sentimento necessidade de agir precisamente e descartando as viagens, como nos antigos modelos de *brainstorming**, e no desenho da solução, já é possível enxergar maturidade e comprometimento para desenvolver. Nos modelos já conhecidos, as soluções são encaminhadas e aprovadas ou vetadas no futuro, e isso significa que o orçamento é apresentado e alguém corta pela quantia que acredita ser o limite para investimentos em determinado setor. Mas para um hackathon, geralmente já se conhece o valor que de teto e mais ainda, muitas vezes não se estipula um valor limite, mas um peso que se relaciona com a economia gerada em um tempo mencionado. Então imaginamos um projeto que custará em torno de 150 mil de reais e o valor estimado de economia por mês seja de 15 mil reais. Isso significa que em menos de um ano uma empresa paga o projeto só com a economia. Não há limites para a criatividade, contanto que os pés estejam no chão, mas é comum também que uma ideia tenha um enorme benefício, mas é carregada de incertezas. Não é porque se tem receio que não se pode fazer, mas nestes casos, as ideias são conduzidas dos hackathons para as áreas de projeto de maneira gradativa, separada em marcos etc. Mas isso é assunto para a própria organização.

*Brainstorming é uma "tempestade cerebral" onde não só as ideias são relacionadas sobre problemas já conhecidos, mas os problemas também são apontados, além dos receios e das oportunidades. Tem décadas de uso em reuniões de planejamento estratégico ou tático, e procura captar coisas que estão na mente do grupo, para chegar a atividades que serão absorvidas para um período futuro.

Os hackathons estimulam a concorrência e a corrida para que uma solução seja implementada, então as defesas são objetivas e com propriedades mais importantes em destaque, mas nada garante que a execução estará aprovada pela gestão da empresa, nem mesmo uma assertividade acima do comum, cabendo também estudo de viabilidade e análise de benefícios. Os hackathons ressignificaram o que era chamado de planejamento com excelência, dão nova práxis para desenvolvimento de solução, simplificam a tomada de decisão e são capazes de responder questões relevantes, sem enfeites e tampouco âncoras. Mas esses eventos não são um show em palco, não são uma forma de alegrar e maquiar, embora a gente veja alguma coisa assim em eventos – pelo contrário – o desafio dos hackathons está na capacidade de denunciar o problema e também de dar providências de maneira democrática, que convença primeiramente o público patrocinador de que este problema é real, seja em caráter imediato, preventivo ou um risco, mas que leve conforto para tomadores de decisão. Eu costumo dizer que os eventos de hackathon são o maior suporte à decisão atualmente, porque são orgânicos, vivos e dinâmicos, a melhor visão que um gestor poderia ter.

Atualmente podemos ver dividirem os hackathons por dois tipos: desenvolvimento de software e startups. Este primeiro é quase que totalmente compreendido por programadores, designers de software, mantenedores de aplicações em produção etc, mas o segundo está preocupado com a modelagem de produtos e negócios, geralmente são menos precisos que as soluções de software baseadas em questões-problema, mas também são objetivos, e a ideia é que o produto das defesas das startups sejam aprimorados quando "case" em uma instituição. As apresentações geralmente omitem a relação de requisitos para a implementação das ideias, e isso é altamente recomendável (não se assuste). Isso se justifica porque primeiramente a gente não deve falar aquilo que todo mundo já sabe (sistema operacional, necessidade de micro etc.), e segundo porque dizer um requisito e não todos é arriscado, e recomendo que você deixe para a equipe seguir adiante fora do evento. Não falo em ocultar custos, claro que não, mas apresentar tudo o que compõe o valor é papo para outra oportunidade. Uma apresentação deve estar focada no que se chama de Minimum Viable Product (MVP), que é o produto mínimo viável, uma prática da administração que consiste em apresentar um novo modelo de serviço ou novo produto que tenha o menor valor possível de investimento. Sim, se você, caro leitor, acredita que uma apresentação de hackathon deve ter impacto, você está coberto de razão, e a técnica utilizada ou meio para falar com impacto é denominada pitch. Pitches, ou elevator pitches, são como as conversas de elevador, deixam a mensagem que se quer deixar, atraem as pessoas para um pensamento positivo como cura para as próprias dores (e é assim que muitas pessoas falam) e são capazes de provocar uma boa curiosidade. Como as oportunidades são poucas e o tempo é curto, imagine 30 segundos a 2 minutos de fala, o pitch deve estar preparado para ser inclinado para uma outra provável solução ao se observar o comportamento do ouvinte. Nada deve ser inventado, mas o desenvolvedor de piches deve se organizar exaustivamente e ter em mente que o cliente pode ir para um ou outro lado, um outro viés, uma visão diferente e até por consequência do que o próprio apresentador disse em seu pich, e esses riscos devem ser mapeados para que tudo ocorra bem.

OS ESPAÇOS DE COWORKING, AS REDES, AS EQUIPES DINÂMICAS, AS NOVAS INSTALAÇÕES E O TELETRABALHO

Coworking, ou também encontrado como co-working, mas pouco difundido em português como cotrabalho, trata-se de uma forma de trabalhar em que tem como base o compartilhamento do mesmo espaço e/ou recursos, sem que seja necessária a atuação para uma mesma instituição, mesmo projeto e tampouco se faz necessário atuar na mesma área. É um modelo em que se espera efeitos positivos colhidos da novidade ao redor (quase sempre pessoas diferentes), da "liberdade" de caminhar para outra mesa que julgue melhor, da fuga da rotina de trabalho e de um dia-a-dia em que se trabalha com as mesmas pessoas. Para colaborar com esta modalidade, muitas empresas têm surgido para alugar espaços e se especializam em escritórios dinâmicos de coworking. Engana-se muito quem entende que esses espaços são negócios imobiliários, pois um coworking é uma entidade viva, que tem gestão de pessoas, organização, administração e requer atividades de apoio ao cliente que procura um local para atuar. Ao procurar um local como esse, um profissional pode não querer atuar em conjunto com outras pessoas, mas atuar reservadamente, livrando-se do ambiente convencional e "cansado", esperando disso o despertar da criatividade. Os espaços de coworking são excelentes oportunidades para equipes dinâmicas e redes que se fazem necessárias para atuação temporária ou para troca de lições, e o forte disso é que todos podem estar em atuações diferentes mas fazerem uso de entregáveis desta equipe dinâmica, de maneira que conseguem quitar compromissos com baixo custo e menor prazo. Uma equipe dinâmica é a maneira mais atual de se trabalhar com demandas multidisciplinares, mas exige disciplina - perdoe o trocadilho - porque há enormes riscos relacionados à maturidade, ao desejo, às expectativas e até sobre o "fôlego" individual, e portanto o comprometimento deve ser negociado logo de início, mas se a equipe for criada dentro da própria instituição, geralmente a melhor proposta adotada é trabalhar uma liderança para atuar organizando e mediando as oportunidades dos encontros.

Falando especificamente em ambientes mais modernos, o que o leitor pode imaginar é que com essa onda de coworking e equipes dinâmicas, o compartilhamento de informações e a consequente diminuição dos antigos modelos matriciais de chefia e liderança, as pessoas estão mais perto, estão querendo ficar mais perto, ouvir, falar e trocar assuntos. Estamos no início do fim da postura formal no trabalho, da necessidade de parecer estar trabalhando ou de parecer ser sério, o ambiente agora vai passar a inspirar a criatividade, o respeito pela leveza e a liberdade que o espaço propõe. Mas você deve estar se perguntando qual a relação de coworking, desses espaços e tudo ao redor do conceito, com transformação digital, não é verdade? Mas o fato é que são dois conceitos contemporâneos e que estão andando juntos, lado a lado, e as equipes gozam desses espaços por estarem mais cientes de que podem suportar o que um escritório presencial oferecia, e isso acontece porque estamos conectados a todo o momento com as pessoas que precisamos. Então a mentalidade de trabalho colaborativo é promovida pela transformação digital que já estamos vivendo. Se a gente entender que as empresas utilizam o avanço tecnológico em prol delas mesmas, reduzindo custos e aumentando a eficiência, muitas vezes a gente acaba não se dando conta de que a mudança significativa acontece sob o ponto de vista cultural, e esse é o ponto.

Figura 8: sala de coworking com interações diversas diante da necessidade individual de profissionais presentes.

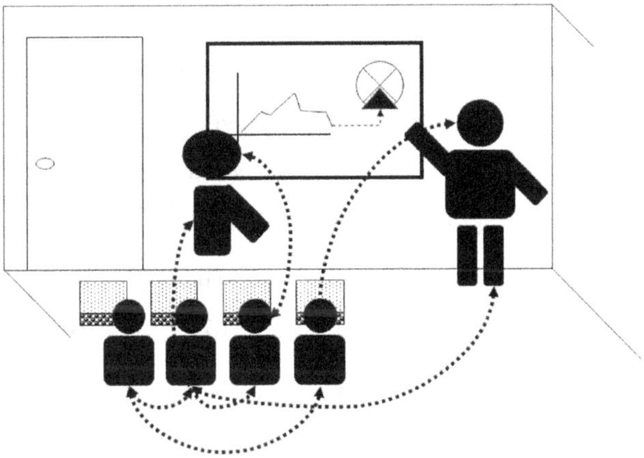

Não podemos desvincular as ondas contemporâneas que atingem as organizações, não temos nem mesmo como ignorarmos o fato de que até pouco tempo a gente falava em desenvolvimento de equipe com novo modelo de liderança, ambiente mais individualizado para promover a concentração e os controles de qualidade feitos sobre o tempo que uma pessoa se dedicava ao trabalho. Ao olharmos as pessoas se organizando, trocando contatos, buscando liberdade para atuarem em seus projetos, e outras pessoas para colaborarem entre si, podemos enxergar com claridade que tudo está diferente e faz parte de toda uma nova forma de trabalhar. Quero afirmar que espaços de coworking poderão ser requisitos de contratação de uma pessoa, que o teletrabalho será mais real e comum do que o trabalho convencional presencial, e que a liderança terá consequentemente novos comportamentos e cobranças por resultados, que clientes estarão participando da fase de execução de um projeto ou de uma solução que contrataram, quando antes se limitavam ao tempo em que se descrevia uma demanda e mal palpitavam nas fases de planejamento. E os trabalhos multidisciplinares dentro de um mesmo projeto em plantas operacionais mais complexas? São desafiadores, certo? Mas veja por exemplo, que um projeto de plataforma de petróleo nasce da necessidade de se instalar em campo já descoberto, claro, e ao ser identificada esta necessidade, muitas áreas são movimentadas, desde pleitos de orçamento, organização cronológica de projeto até a execução de serviços (montagem, maquinário, TI, telecomunicações, elétrica etc). Isso já acontece há muito tempo, mas as áreas não vinham se comunicando de forma totalmente integrada, pois se resumem em entregáveis (TI entrega microcomputadores quando a elétrica já estiver pronta e a parte do cabeamento estruturado sob o piso elevado esteja finalizada, por exemplo). Imagina se o processo de lançamento de cabeamento de telecomunicações fosse observado e acompanhado de maneira que seja utilizada apenas uma janela para operar um painel elétrico ou de se levantar o piso para a passagem da elétrica. Imagine ainda que a área de telecomunicações seja capaz de observar a produção do cabeamento encomendado lá no fornecedor e o transporte até o local da instalação... Todo um conjunto de inúmeras informações e dados que serão possíveis com a visão de um trabalho colaborativo com tecnologia aplicada a ele. Falo de um processo supervisionado digitalmente que promova a tomada de decisão assertiva e contundente sobre datas de execução de serviços, sobre aquisições etc. Curtiu? Os novos modelos de trabalho estão se desenhando e a transição é clara, as pessoas já estão pleiteando um trabalho mais livre de regras que as mantêm presas em intervalos de horário ou sentadas em uma cadeira, líderes já percebem que a cobrança por permanência pode ser antagônica à criatividade e aos bons frutos gerados pelo prazer pelo trabalho, e isso só pode forçar um futuro com unidades profissionais na dinâmica que uma ideia requer, tornando obsoletos pensamentos conservadores que reconhecem o bom profissional como um profissional que está presente e fixado em uma cadeira à frente de seu computador. E é importante que o leitor tenha ciência de que todas essas âncoras ou atitudes impeditivas para que as transformações aconteçam serão atropeladas pela natureza das coisas.

A NOVA GESTÃO E A HOLOCRACIA, MODELOS IMPULSIONADOS PELA RESPONSABILIDADE INDIVIDUAL

Modernizar é um verbo que quase sempre nos remete a propósitos tecnológicos ou de adequação de ambiente em conformidade com os padrões de arquitetura que se sinalizam como tendência, concorda? Mas na verdade, modernizar deve sempre nascer com um propósito ou diante da maturidade com que se observa um problema, e isso já nos contorna para entender que a mudança nasce das pessoas, por elas, e tudo que apontamos sobre tecnologia e também arquitetura deve ser consequência dessas mudanças importantes sob o ponto de vista da necessidade humana, repito, e em capítulo anterior, eu tento alertar o leitor para que sejam evitadas as modinhas e os desejos, porque tecnologia é também promotora de lazer e relaxamento e os gostos são influenciadores das decisões. Falando em decisões, qual o papel da liderança diante de um momento tão enriquecido de criatividade e liberdade de trabalho, com tanta informação compartilhada, experiências trocadas e a abertura inevitável da vida das pessoas com as redes sociais? Primeiramente, vamos nos ater e perceber o que havia de mais moderno na liderança no final do século XX, e que ainda sobrevive até os dias de hoje, que se trata da liderança de equipes de alto desempenho. Ora, as equipes de alto desempenho são aquelas formadas por pessoas que chegam ao resultado com o mínimo de instruções e são capazes de desenvolver críticas contundentes sobre os papéis em pouco tempo e ainda darem suporte à decisão dos gestores lado-a-lado com eles. Para ser um gestor de equipes de alto desempenho, portanto, um líder deve se conter a ser observador das necessidades "humano-profissionais", não paparicar, não lidar com o profissional de forma infantil, básica, mas o ideal mesmo é que o líder tenha se observado também como alto desempenho, pois do contrário ele atrasa a equipe, gera desânimo nas pessoas e jamais percebe que é o vilão. Mas estou trazendo isso aqui por quê? Simples, o novo líder para equipes dinâmicas e capazes de conduzir as suas atividades por si, com força de relacionamento e integração, deve entender que essas pessoas são um passo evolutivo das equipes de alto desempenho, são pessoas que por própria natureza de perfil, já acharam o seu espaço nesta nova era de atuação profissional e exercitam a autogestão para diminuir as cargas da liderança em coisas medíocres, deixando para o novo líder o foco em outras necessidades importantes e cruciais para o a continuidade do desempenho. Então a gestão destas pessoas deve ser feita precisamente voltada para resultados, para desempenho e, a partir disso, tomadas as decisões para que seja garantida a criatividade, o ânimo, a liberdade, a autonomia e a expertise, e as informações informais registradas em redes sociais podem ser importantes para que sejam observados os valores do profissional, a sua rotina particular e as suas necessidades "humano-sociais". Ora, então um líder moderno é aquele que observa tudo com respeito, maturidade e se concentra em manter a equipe se desempenhando sem chicotes e hostilidade? Claro, mas sempre deveria ter sido assim, certo? Claro, e é por isso que as coisas caminham para a evolução. Mas se antes as equipes de alto desempenho eram destaque entre as demais, qual seria o destaque entre as equipes modernas, se tudo está caminhando para o alto desempenho? Esta é uma pergunta chave para que a gente comece a dar passos na observação do termo criado pelo americano Brian Robertson para a gestão de negócios: holocracia (ou admitido também holacracia). Trata-se da forma mais moderna de se gerir um negócio e isso acontece basicamente com a distribuição de poder não exatamente para as pessoas, mas para as funções, que têm pessoas, claro, mas que se sinalizam na prática de suas atividades como equipes maduras, preparadas e com desempenho notável. Um sistema de gestão que se coloca em todo ou em parte na forma de holocracia, tem como objetivo gerar desempenho diante das necessidades dinâmicas de tomada de decisão e fazer isso com uma assertividade que o momento requer, mas para que uma pessoa seja colocada com as responsabilidades requeridas pela holocracia, ela deve ter conhecimento da gestão da empresa ou dos seus patrocinadores e atuar dentro da cultura da instituição, adequado ao planejamento estratégico, claro, sem se desvincular de um planejamento mais sólido, e isso também não significa por exemplo que uma pessoa vai decidir por questões jurídicas da área de TI, não é isso, mas a capacidade de decidir dentro dos limites observados da delegação e com vínculo, volto a dizer, com o sistema qual está inserido. Uma empresa que se organiza através da holocracia, necessariamente se opõe aos sistemas clássicos de hierarquia e matricialidade, mas não porque não há organização a ser seguida, mas porque se supõe que uma pessoa em holocracia não tem um cargo fixado, mas funções dentro da organização, promovendo para o profissional um maior aproveitamento das suas qualidades pessoais em prol da instituição. É muito comum que um profissional antigo, quando em holocracia, acabe por desempenhar vários papéis, o que acumula ao longo da vida profissional, mas pode ainda ser reconhecido por sua experiência em papéis semelhantes, ou por sua vontade em continuar exercendo determinadas atividades, e isso não é nenhum problema, pelo contrário, o importante é que desempenhe bem. Por sua vez, um mesmo papel pode ser desempenhado por diversas pessoas, e inclusive esses papéis podem não ter nada em comum, o que torna o modelo bastante simpático aos olhos de líderes modernos e profissionais criativos e com vários conhecimentos. A figura 8, logo abaixo, condensa uma espécie de hierarquia de círculos, o que chamam de "holarquia", e sintetiza pessoas, papéis e, claro, os círculos.

Figura 9: elementos básicos na holocracia: pessoas, seus papéis e a organização básica do modelo.

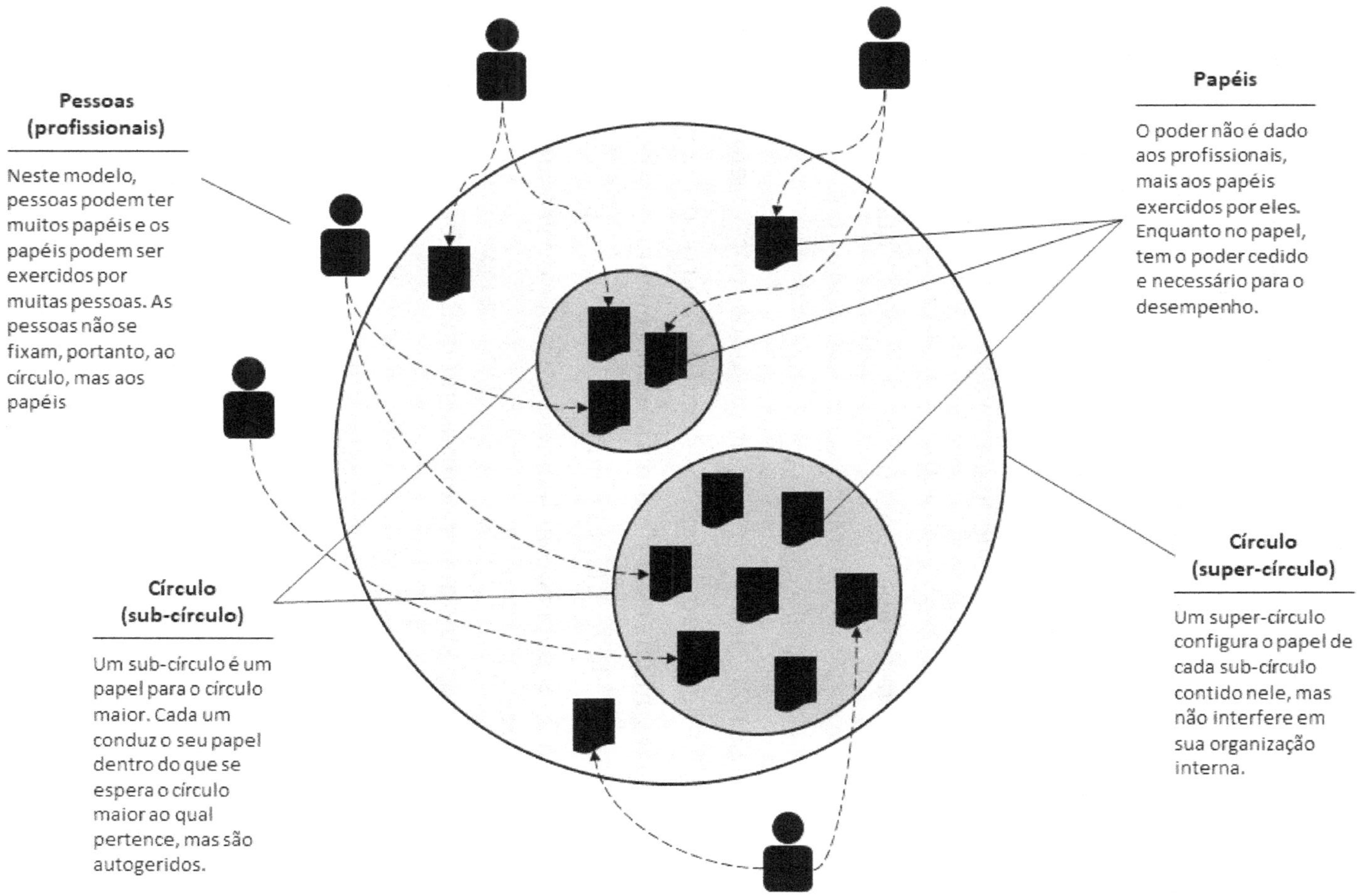
Pessoas
(profissionais)
Neste modelo, pessoas podem ter muitos papéis e os papéis podem ser exercidos por muitas pessoas. As pessoas não se fixam, portanto, ao círculo, mas aos papéis
Papéis
O poder não é dado aos profissionais, mais aos papéis exercidos por eles. Enquanto no papel, tem o poder cedido e necessário para o desempenho.
Círculo
(sub-círculo)
Um sub-círculo é um papel para o círculo maior. Cada um conduz o seu papel dentro do que se espera o círculo maior ao qual pertence, mas são autogeridos.
Círculo
(super-círculo)
Um super-círculo configura o papel de cada sub-círculo contido nele, mas não interfere em sua organização interna.

O intraempreendedorismo

E o intraempreendedor, quais serão seus limites nos novos modelos de gestão? Intraempreendedorismo é um conceito voltado para o empreendedorismo dentro de uma organização. Isso significa que um profissional com a qualidade de intraempreendedor é aquele que atua com capacidade e visão para o negócio, que entenda do negócio, mas mais que isso, que saiba dirigir em parte ou no todo, para o sucesso da organização que se dedica. Simplificando, intraempreendedor é o empreendedor interno, nada mais que isso, só que a questão que provoco neste capítulo é sobre o intraempreendedorismo em um mundo compartilhado, com crescimento das atuações sob a modalidade de coworking, com limites mais afrouxados por objeto e muitas informações deixando de ser privilégio de uma ou outra instituição. Em primeiro lugar, essa qualidade não entra em extinção, muito pelo contrário, ela se adapta bem ao modelo de administração que se organiza com papéis, a holocracia, e irá ser de grande valor para as redes e para a contextualização das boas práticas observadas em profissionais que atuam para outras instituições. Bons profissionais não serão penalizados na evolução da gestão, é a era em que as ideias serão mais valorizadas, assim entendo.

UM PENSAMENTO DEDICADO AO COACHING EM MEIO À TRANSIÇÃO PARA A GESTÃO ORIENTADA A PAPÉIS

Ao pensar neste capítulo, confesso a você, leitor, que decidi escrever por estimar muito o processo de coaching, especialmente quando ainda se popularizava e despertava interesse muito maior naquele profissional que já tinha visão ou experiência do seu próprio perfil como treinador ou incentivador de pessoas. O fato é que os processos de coaching ficaram muito mecanizados, assim julgo, por deixarem crescer a importância da ferramenta computacional, tomando muito espaço da análise humana, das captações pela empatia e grau de liberdade nas relações entre coach e coachee, e um outro tom que tenho visto ao longo dos anos é a promessa de milagre, o encorajamento publicitário de que o processo de coaching representa um salto e isso vem me incomodando. Falo assim porque particularmente encaro o processo de coaching como "um processo objetivo, guiado por um conjunto de informações crescentes e oriundas de sessões, estabelecendo metas com a finalidade de atingir transformações positivas na vida do coachee", e essas transformações são objetivas e pertencentes à subjetividade do coachee, então para mim as campanhas publicitárias que prometem milagres são fantasias, não têm como alvo a subjetividade das pessoas. O que estou querendo dizer é que se você esbarrar em um profissional de coaching, não será difícil ouvir algo como "vamos fazer", "você vai gostar", "mude seu mindset" etc, sem ter a noção de quais são os planos e desejos que a pessoa tem para o seu próprio futuro e praticamente nenhuma visão mais profunda sobre o que a ancora. Deixando de lado essas críticas, desenvolvo e apresento este capítulo, considerando o profissional de coaching que não deixou de se conectar às metodologias, aos valores éticos e que por fim, não perdeu o sentido de ser coach para as pessoas e não para si.

A partir dessas linhas, gostaria de dizer que os profissionais de coaching deverão estar preparados para demandas de coachees, que estarão muito mais ligadas a um fortalecimento das suas características pessoais a fim de comportarem múltiplos papéis, do que atingir um ganho materializado em marco. Não é que os choaches não recebiam demandas voltadas para ganhos pessoais cabíveis em determinados cenários, seja numa visão profissional, de lazer ou de estudo, mas era uma tendência a busca por concretizar sonhos muito específicos, e o que alerto é que a busca será por estar apto e na dinâmica que os papéis exigirem, e esses papéis, como já vimos um pouco até aqui, não estarão (ou pelo menos tão somente) atrelados a conhecimento e experiência, mas por buscarem um determinado tipo de profissional. Falo de personalidade, de perfil, de características próprias etc. E mais, quando alguém busca a concretização de uma coisa, seja a compra de um carro, passar em um concurso, fazer uma viagem, emagrecer, correr uma maratona etc, todas essas coisas são "coisas", são realizações que podem ser obtidas por uma infinidade de pessoas, mas assumir papéis pode representar desafios enormes, uns bem maiores que os outros, e não resumidos como um desafio que exige disciplina, organização e foco, mas mudanças no próprio caráter da pessoa que almeja. O novo profissional de coaching deve estar pronto para entender os papéis, claro, mas mais do que isso, deve estar preparado para entender as características daqueles papéis que muitas vezes o coachee também não se deu conta. É difícil, é contemporâneo, é uma realidade que devemos assumir, e digo que devemos porque também sou profissional de coaching, e entendo que profissionais coaches antenados lado-a-lado com novos modelos organizacionais e de trabalho compartilhado serão diferenciados, especialmente se comparados aos que se lançam ou se divulgam como resultado de um milagre que hoje propagam.

Tento evitar essas propriedades que cada vez mais estão dando ao termo coach. Sim, eu particularmente acho que há um número enorme de besteirol por aí, mas há muita gente séria também. Tenho um colega, por exemplo, que se especializou em coaching para emagrecimento e este entusiasmo nasceu dele mesmo, ao conseguir vencer a obesidade. O programa de coaching deste meu colega é simplesmente fantástico, organizado e adaptável, e desta forma, ao testemunhar o resultado de um trabalho bem pensado e voltado para as pessoas, eu me encorajo a dizer que o coaching hoje que pode estar mais próximo das novas necessidades das pessoas e as suas atuações profissionais é o coaching holístico. Nesta linha, o coaching holístico tem como objetivo a melhoria do indivíduo num conjunto mais amplo, sem focar em pontos ou situações isoladamente. Muita gente tem relacionado o coaching holístico ao equilíbrio espiritual, mas não é isso, o que acontece nas sessões de coaching holístico é que o coach busca extrair do coachee o autoconhecimento, e a mudar as suas atitudes a partir da crença de que há esta necessidade pessoal para atingir seus objetivos, e tudo isso a partir de diálogo mais avançado e mais eficiente. O que espera um coach para que consiga levar o coachee a perceber seus hiatos para o ponto que almeja é uma boa maturidade da pessoa que o procura, e o coach holístico deve garantir sessões que promovam o equilíbrio emocional do coachee, que deem garantia de uma comunicação plena e madura, e que tudo isso aconteça com base em um bom relacionamento interpessoal. A gestão deste relacionamento pode ser a chave para desencadear no coachee, seus medos, receios e âncoras que antagonizam a sua carreira.

MAIS ECO E MENOS EGO

Vivemos um momento de grande atenção aos recursos naturais e à consciência sobre o planeta em que vivemos, mas no que a transformação digital pode ajudar ou o que estaria contemplado nessa transformação, que tenha relação com o meio ambiente? Na realidade a preocupação ecológica não está exatamente atrelada naturalmente ao conceito ou contida necessariamente em uma solução que represente determinada transformação digital, embora possa haver soluções que contemplem, mas a expectativa, porque na realidade é uma oportunidade, é que aconteça mais por força da transformação social. De início, convido o leitor a observar o número de veículos (carros, motos, ônibus etc) nos congestionamentos especificamente por causa do movimento de ir e vir do trabalho, isso já não é um grande impacto? A evolução digital e a modernização requerida da gestão, estão tornando possível e cada vez mais real o trabalho distante desses concorridos centros, e não estou resumindo a isso, não mesmo, trata-se de um conjunto que está além das atividades que economizam combustíveis fósseis ou diminuam a concorrência de recursos como sistema de esgoto, energia elétrica, água potável etc, mas de uma consciência das empresas, de que os consumidores se importam mais com a origem e o destino de seus produtos, como são feitos e se há respeito com a natureza no processo de fabricação.

Isso quer dizer que uma empresa cada vez mais pode vencer a concorrência por apresentar aos seus clientes a preocupação com o planeta em todo o seu vetor de fabricação à distribuição. Mas no que isso tem relação com a Transformação Digital? Veja, uma ideia que seja vantajosa para o indivíduo, seja em prol dele individualmente ou sobre resultados em eficiência e custos, só poderá ser admitida se não atropelar o meio ambiente. A figura abaixo ilustra a diferença entre duas palavras, ECO e EGO, onde o alerta está em observar o homem não como a supremacia a qualquer custo sobre a natureza, mas como parte integrada e pertencente a ela.

Figura 10: imagem comumente encontrada na Internet para sintetizar dois extremos (ego e ecologia) que podem fazer total diferença.

Para que uma empresa atenda aos anseios de seus consumidores, será importante pensar o ECO, mas esse termo não se limita ao contexto do meio ambiente, ou o contexto do meio ambiente não se limita à preservação da natureza e espécies, mas às questões sociais, e atuar com preservação da natureza não é necessariamente deixar de poluir, mas entregar planos inteligentes e eficazes para amenização dos impactos. Uma empresa deverá, portanto, proceder com transparência, organizar a sua estratégia a políticas sustentáveis, apresentar plano na dinâmica em que surgem consequências da sua atuação para as pessoas e para a natureza, atender às normas trabalhistas, incentivar as pessoas a serem multiplicadoras do ECO, desenvolver planos para a sociedade, de maneira que promova a educação e a saúde etc. Com essas propriedades, garantimos que os passos dados a caminho da transformação digital serão passos que celebrarão facilidade, economia, segurança, preservação e transformação social.

Figura 11: a construção de um cenário perfeito, o céu da sustentabilidade.

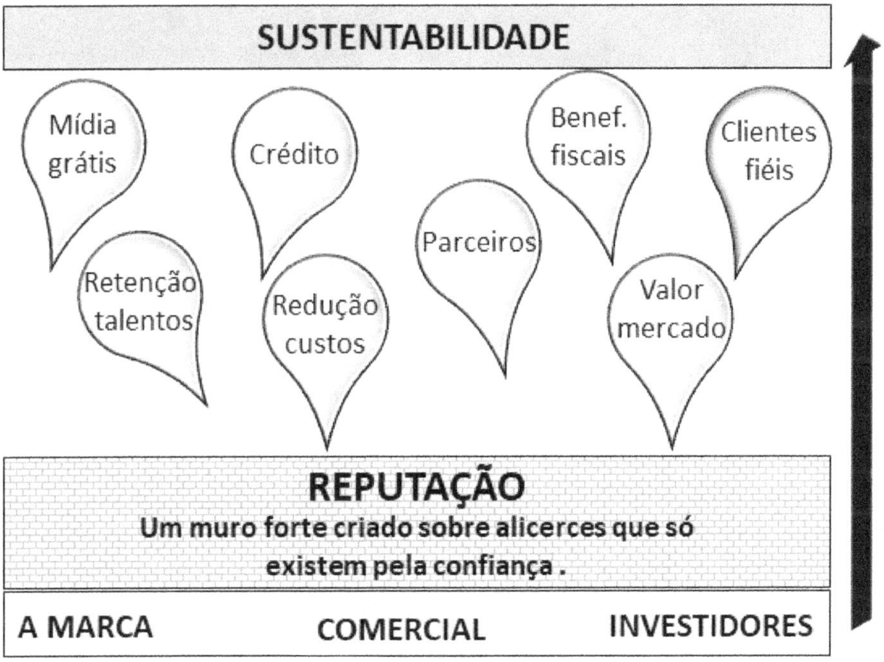

DIDÁTICA E ELEVAÇÃO DA PARTICIPAÇÃO ATRAVÉS DE ATRATIVOS DA GAMIFICAÇÃO

Primeiramente, vamos observar a origem da palavra: *game*. Sim, jogo, e a palavra inteira gamificação é originada do inglês *gamification*. Dentro do contexto deste livro, esta palavra fala sobre um olhar transformador, onde o aspecto da competitividade ou do caráter descontraído dos games pode gerar mudanças positivas. Veja, isso não é nenhuma novidade, e os trabalhos lúdicos são adotados desde que somos crianças, no campo educacional, ainda no período de alfabetização, inclusive. Sim, quando crianças aprendíamos o tempo todo, e quase sempre nesta abordagem didática tão eficaz. A técnica dos games explora o prazer e os frutos de se sentir desafiado, os jogos elevam, pois, a participação e promovem conhecimento de forma leve e sem os sentimentos de pressão para aprender, como as cansativas leituras diretas. Os games exploram a naturalidade empírica, e se observarmos mais, vamos nos dar conta de que esta técnica docente está em muitas das interações que temos no dia-a-dia, como ler tirinhas com charadas em uma lanchonete, até questionários tipo quiz para conseguirmos descontos ou promoções, a gente acaba aprendendo, certo? Eu me recordo de quando a minha mãe me dizia que palavras cruzadas ajudavam muito a aumentar o nosso vocabulário e outros conhecimentos que não acharíamos tão facilmente em literaturas que geralmente lemos.

Figura 12: jogo de tabuleiro com dados para treino de matemática para alunos do ensino fundamental.

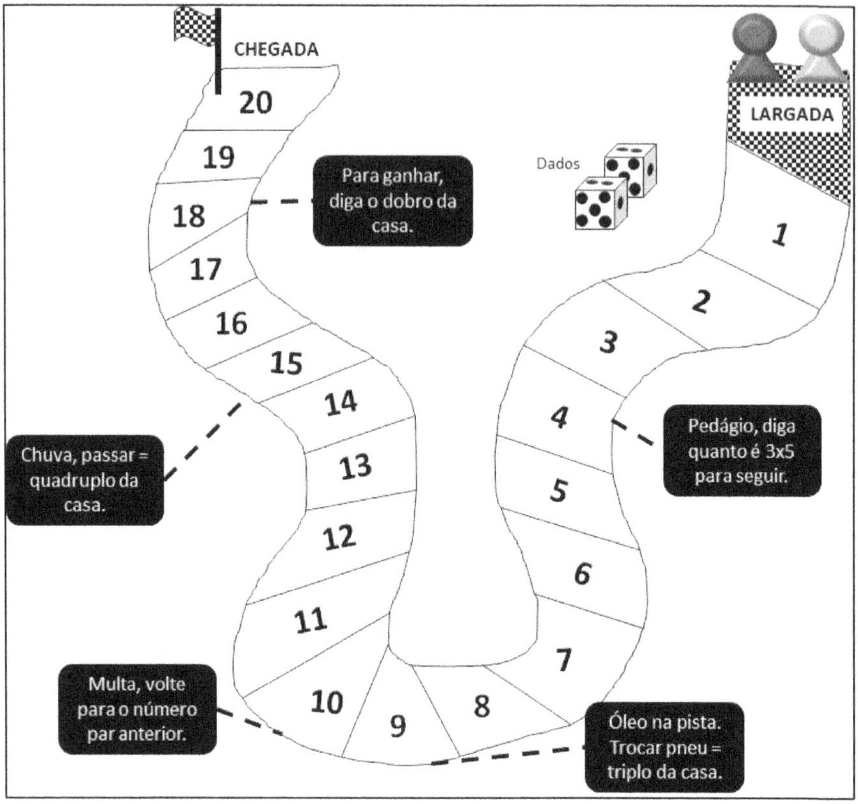

Jogar é bem legal mesmo, mas como isso é explorado atualmente e o quanto pode elevar a participação? Em primeiro lugar, os games conseguem tomar um espaço em nossa vida que não tem relação com os compromissos e obrigações, em segundo, os games ainda são capazes de tomar um tempo que reservamos para descanso e paz, que outra abordagem consegue tomar esse tempo de forma tão leve? Nesta retórica embutimos um fator educacional fundamental que é a voluntariedade, sim, a opção por fazer é o melhor caminho, pois aprender nos moldes da obrigação até funciona, mas é exaustivo e exige de nós o nosso tempo, o que torna involuntário e mais agressivo ao nosso cérebro. A nossa capacidade de cognição sobre algo que nos interessa é simplesmente surpreendedora, e a nossa absorção de conhecimento só percebemos quando já estamos nos envolvendo em conversas sobre determinado assunto de forma natural. Natural é sempre bom, quase sempre imperceptível porque soa como o ar que respiramos. Se a gente tiver à frente um bilhete de quem nos ama e um bilhete com informações importantes sobre a colonização no Brasil, certamente você vai se lembrar de todos os detalhes do bilhete que foi escrito por quem nos ama, como vírgulas e símbolos, mas do bilhete sobre a história do nosso país, vamos nos recordar da mensagem e o ensinamento mais em linhas gerais, não é mesmo? Mas isso acontece por quê? Ora, o nosso interesse é a chave, como já pudemos ler aqui, mas o que poderia tornar o conteúdo sobre história do Brasil tão interessante? Aliás, como eu poderia aproveitar algo que temos em nosso interior, os sentimentos marcantes, tais como: amor, raiva, saudade, desejo etc.? Pois é isso, os games exploram sentimentos, e os que encontramos mais facilmente estão ligados ao desafio para vencer, ou a necessidade de se progredir em uma fase. Mas já vi games que exploram o sentimento de justiça e até mesmo o de amor fictício pela princesa. Não é incrível? Veja, há muitas pessoas que aprendem outra língua só para conseguirem cumprir missões de videogame, não é brilhante? Então imaginemos todos que para se ter uma foto publicada, a gente precise estar entre os primeiros do ranking em um quiz oferecido pela empresa em que trabalhamos. Se isso for interessante para nós, nosso esforço será diferenciado e fator imprescindível para a participação, certo? Sim, as empresas sabem, todos sabemos, as abordagens para participação estão cada vez mais em nosso dia-a-dia, e é importante nos darmos conta para compreendermos a diferença visível em nós mesmos. A gamificação está presente em quase tudo que se queira elevar a participação, comece a ter essa crítica, caro leitor, e vai notar que estamos fazendo parte dos jogos oferecidos.

Já compreendemos até aqui que os games podem ser usados para aprendermos determinado assunto ou para nos incentivar a participação para que isso nos leve ao entendimento, esclarecimento ou até mesmo ao conhecimento, mas no que os games podem apoiar mais? Eu diria que em qualquer campo em que o caminho é a compreensão pela leveza de se explorar a voluntariedade de uma pessoa, assim a gente pode entender que os jogos podem apoiar em praticamente tudo, como aumento de produtividade, consciência sobre as condições de trabalho, aumento do foco, melhoria na determinação, promoção da educação do indivíduo no convívio com outras pessoas etc. São realmente muitos benefícios, e não podemos deixar de pensar nas possibilidades de games que ganhamos com a evolução tecnológica, que popularizou a gamificação com as muitas opções online, e tornou mais dinâmica a evolução dos jogos, que antes representava um grande esforço de trabalho manual.

Storytelling

Storytelling, o ato de se contar estórias, é uma técnica que vem colaborando muito com a gamificação, de maneira que impulsiona estratégias e dá maior sentido a uma abordagem por game. Ao contar estórias, sejam elas estórias introdutórias, durante o jogo – nas fases – ou ao fim de um game, uma pessoa pode ganhar conhecimentos fundamentais oportunamente. Imagine que durante um treinamento de segurança em determinada atividade de risco em uma empresa, a técnica docente seja por jogos, mas que para se conhecer a regra, o profissional deva ler algumas estatísticas. Você concorda que pelo interesse em jogar, o indivíduo poderia ter melhor aproveitamento no seu aprendizado ao ler prazerosamente e, claro, voluntariamente? É claro que sim, isso é muito fácil de se perceber, vez que entendemos que uma pessoa ao sentir necessidade de buscar a informação pode absorver melhor que quando obrigada a ler exaustivamente. Nas técnicas de storytelling, muitas vezes são criados personagens, ou inseridos sujeitos reais de um fato que realmente tenha acontecido, e isso só tem a agregar à metodologia. Vejamos um exemplo de storytelling seguido de game e premiação:

① Storytelling: "Dados de 2017 sinalizam que no Brasil, 47 mil pessoas morrem todos os anos de acidente de trânsito e pelo menos 400 mil pessoas têm sequelas" (Fonte: Folha de São Paulo).
② Game: pesquise na internet quais são os 3 tipos mais comuns de acidentes de carro no Brasil e insira uma forma que poderia se evitar.
③ Premiação: As melhores prevenções serão premiadas com um convite para assistir à peça "Ronin, o Jabuti Veloz".

Não é muito cedo para falarmos sobre o futuro, devemos falar sempre, e as abordagens terão que ser cada vez mais eficientes, entendo, na era das muitas informações, ou num tempo em que o que se busca é uma felicidade instantânea a partir de momentos felizes. Mas isso é papo para outra oportunidade. Vamos em frente gamificando!

Todo mundo se lembra daquele fusquinha simpático dos filmes da Disney, não é mesmo? Sim, aquele carro de corrida, o Herbie, que com o lendário número 53 fazia a gente sorrir por ser tão falante e pelo sentimento de carinho visível que ele tinha pelo dono, boas lembranças... O tempo passou, mas o conceito daquela época é muito atual e se trata de inteligência artificial. Sim, é claro que quem elaborou a história quis dar alma ao carro, quis dar o "sentimento" que já comentei, mas com os pés no chão e o natural ceticismo sobre a vida das coisas, podemos contextualizar assertivamente o Herbie como um carro equipado com inteligência artificial. E como funciona? A inteligência artificial (IA) ou em inglês como Artificial Intelligence (AI), é um conceito que representa um conjunto de respostas diante de questões apresentadas, e essa "inteligência" nada mais é que o resultado de uma programação com base em algoritmos robustos que julgam o que deveria ser "respondido" frente a situações ou questionamentos. Tudo começa com o levantamento das possibilidades de perguntas e as possíveis variações das perguntas são tratadas com respostas aproximadas, segundo o julgamento do desenvolvedor do sistema, e em alguns casos, há sistemas que quando não encontram a resposta correta que um usuário pergunta, eles se encarregam de perguntar ao próprio usuário caso saiba, e assim pode adotar essa resposta com uma espécie de cognição também artificial. Abaixo um princípio básico de inteligência artificial programada para respostas bem simples:

Tabela 3: respostas a questões simples, com base em orientação programada.

Questão	Organização do sistema	Resposta
Que horas são?	1º busca a hora do relógio do sistema; 2º busca o texto padrão para resposta; 3º une os dois textos das buscas	*Agora são* **18:43**
Para que serve o procedimento XYZ?	1º destaca o procedimento, entendendo até onde no texto é a pergunta e onde começa o número do procedimento 2º pesquisa o procedimento na base de procedimentos 3º procura o campo "Objetivo do procedimento" 4º apresenta a resposta padrão somada ao objetivo do procedimento.	*O procedimento tem como objetivo:* **Atuar de forma a garantir o perfeito encaixe das válvulas de controle de vazão d'água.**
Qual o número de incidentes hoje?	1º reconhece "número", "incidentes" e o período "hoje"; 2º pesquisa na base de incidentes; 3º apresenta a resposta com o nº de incidentes.	*Hoje houve a ocorrência de* **1325** *incidentes na empresa.*

Apesar de um exemplo extremamente simples, todo o princípio de interpretação está no conjunto da pergunta, em cada parte que a compõe (pronomes, símbolos etc.) além de muitos vocábulos reconhecidos e atrelados a possíveis bases. O sistema organiza as possibilidades do conjunto de palavras, que na verdade são geralmente números para que sejam trabalhados algoritmos e a linha probabilística, e apresenta a elaboração final da resposta ao usuário, com base nas maiores probabilidades, sempre assim. Alguns sistemas apresentam a opção para que o usuário dê feedback sobre o nível de acerto, outros deixam para lá e se comportam com muita segurança. Há sistemas que calculam o nível da segurança da resposta com base em um alvo de retorno assertivo, como por exemplo a resposta para alguém que diz "bom dia!" a um assistente virtual, que apesar de parecer óbvio o retorno, como um simples "bom dia também", o sistema vai primeiramente ter que saber de qual local o indivíduo dá bom dia e analisar se o período é de bom dia, boa tarde ou boa noite. Parece complexo, e até é principalmente para quem não está familiarizado, mas é trabalhoso também, só que este exemplo que dei é a forma mais primitiva de interpretação, acredite, pois hoje é possível construir respostas a partir de uma inteligência artificial mais criteriosa, que já diz coisas como bom dia, condições do tempo, presidente do país, principais notícias etc.

O que vimos até aqui já nos dá um pouco de noção da complexidade e trabalho para compor respostas programadas a cada interação de usuário ou até respostas de outros sistemas como entrada em um sistema de IA. Sim, um sistema, ou até um dispositivo, pode emitir sinais, sons e textos a serem interpretados para atuação de outro equipamento na sequência de um ramo de negócio qualquer. Não há limites, e os algoritmos não param por aí, pois saíram da "inteligência" da informática tradicional, conforme os exemplos dados até aqui, onde se carregam predições sobre as coisas do mundo, e seguiram um caminho em que podem fazer um computador realizar ações sem precisarem de programação para isso. Atualmente há duas categorias de algoritmos, que podem ser definidos por Machine Learning (ML), que dependem de profissionais trabalhando os dados para que as máquinas possam aprender, mas há também os algoritmos do tipo Deep Learning (DL), algoritmos mais sofisticados de machine learning, mais avançados e uma forte tendência do momento, pois são capazes de aprender com erros e se estabelecem com inúmeras camadas, por isso o nome RNP (rede neural profunda). A rede ou as camadas que apresentam vetores que começam da "reflexão" e chegam a um resultado, são denominadas "redes neurais artificiais". Vejamos ao questionarmos "que horas são", um possível caminho vetorizado com finalidade ilustrativa e em uma rede neural de poucas camadas:

Figura 13: uma hipótese de análise em três camadas até a saída. Trata-se de uma rede neural de poucas camadas.

REDE NEURAL DE TRÊS CAMADAS

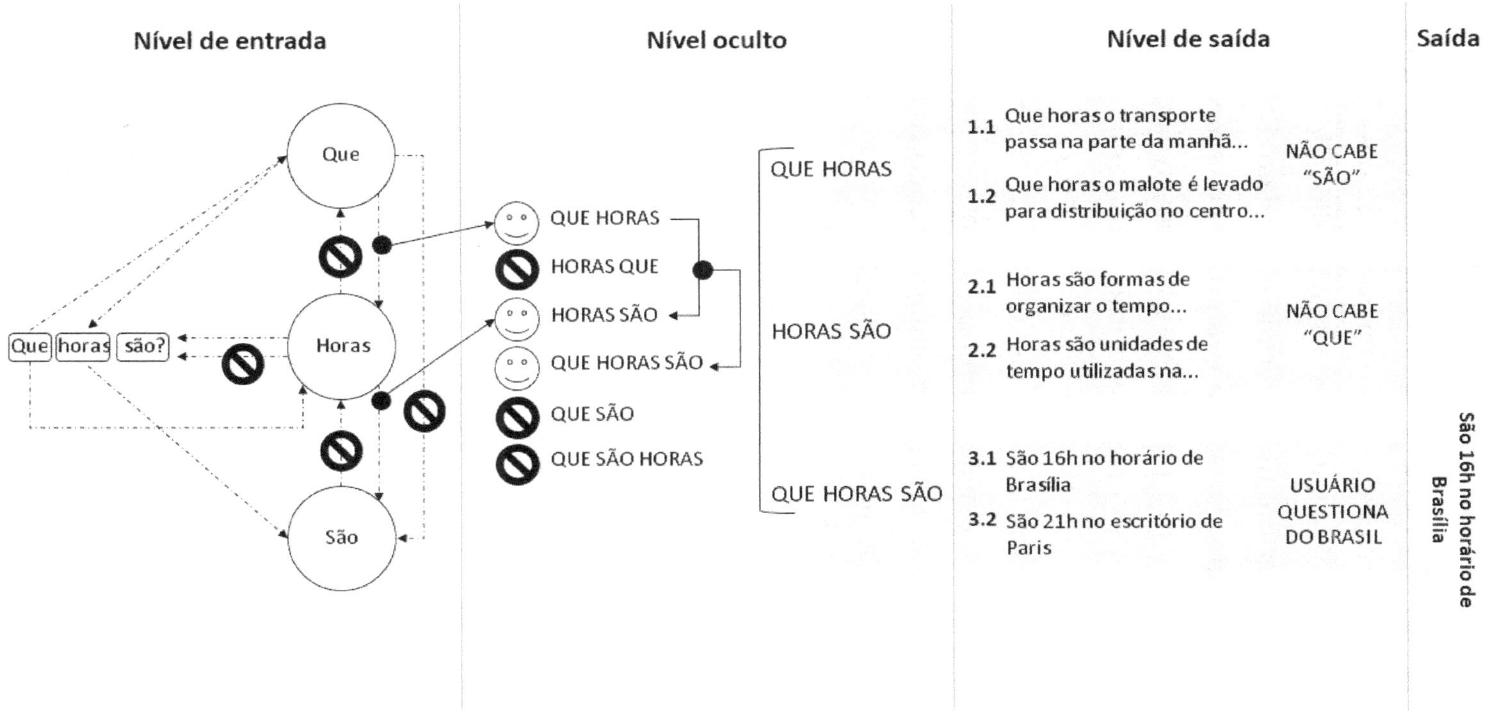

Na sequência temos uma rede neural profunda (RNP) que se apresenta com o algoritmo de machine learning sofisticado. Ao invés de se prever todas as possibilidades, numa RNP o treinamento é feito com dados qualificados, que podem ser inclusive vídeos sobre um determinado objeto. Então se eu quero ensinar o que é uma jarra, não vou procurar as medidas e todas as características da jarra porque isso é impossível, entendendo que jarras são diferentes umas das outras. Seria assim na informática clássica, mas não poderíamos estabelecer isso, então ao colocarmos um vídeo com jarras, podemos acertar (1) ou errar (0), mas a questão é que a rede neural aprenderá com os próprios erros. Sim, isso quer dizer que se ela apresentar um copo como resultado de análise de reconhecimento, o banco de informações que a rede tenha aprendido sobre copos irá negar este resultado num sistema comparador antes de apresentar ao usuário ou antes de fazer um julgamento com ações a serem tomadas.

Figura 14: uma hipótese de análise em Rede Neural Profunda e o backpropagation do gradiente do erro.

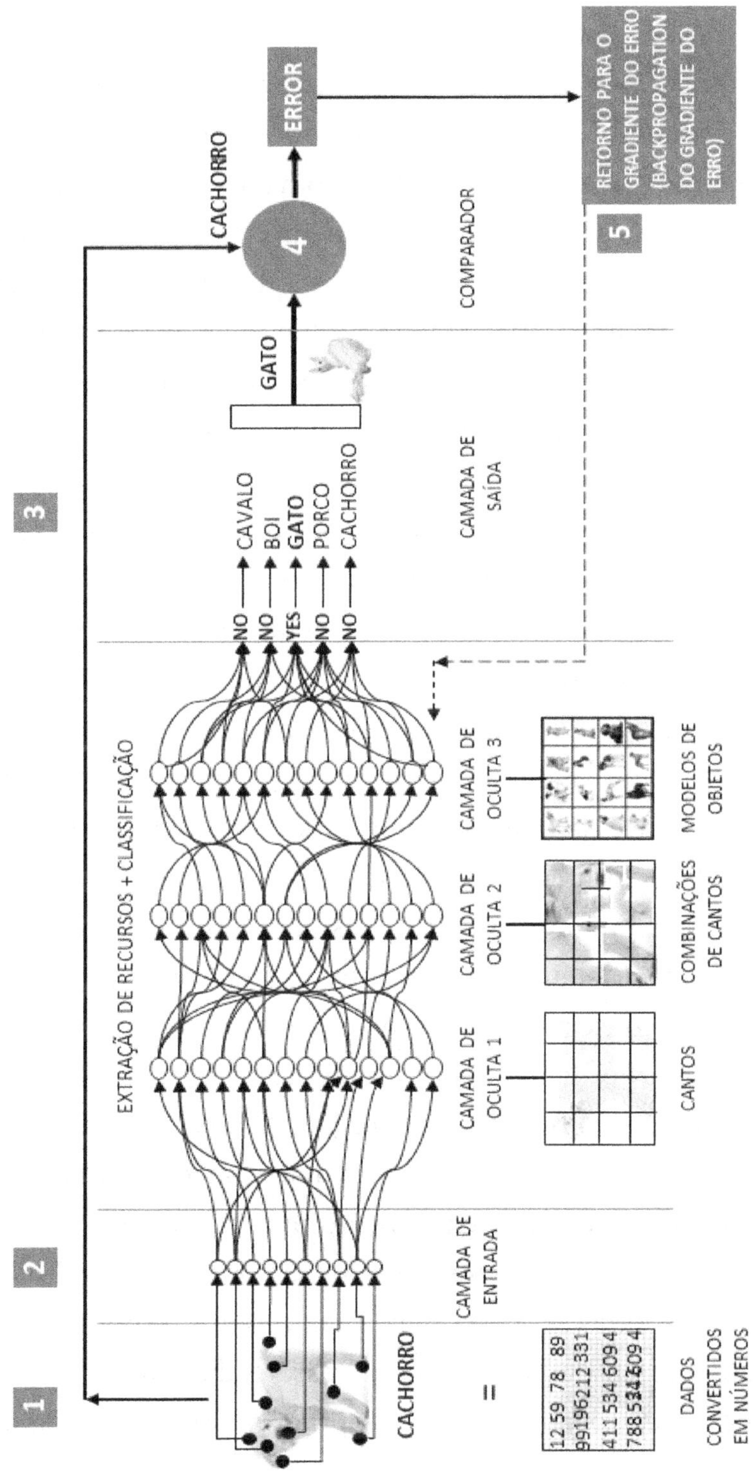

1
2
3
CACHORRO
=
12 59 78 89
99196212 331
411 534 609 4
DADOS CONVERTIDOS EM NÚMEROS
CAMADA DE ENTRADA
EXTRAÇÃO DE RECURSOS + CLASSIFICAÇÃO
CAMADA DE OCULTA 1
CANTOS
CAMADA DE OCULTA 2
COMBINAÇÕES DE CANTOS
CAMADA DE OCULTA 3
MODELOS DE OBJETOS
NO → CAVALO
NO → BOI
YES → GATO
NO → PORCO
NO → CACHORRO
CAMADA DE SAÍDA
GATO
4
COMPARADOR
CACHORRO
ERROR
5
RETORNO PARA O GRADIENTE DO ERRO (BACKPROPAGATION DO GRADIENTE DO ERRO)

Diante de tudo o que foi dito neste capítulo até aqui, como fazer uso de inteligência artificial para canais de autoatendimento? Ora, todos sabemos como a atividade de atendentes em *callcenter* é exaustiva, com alto *turnover* e uma gestão difícil, poucas chances de crescimento, entre outras questões próprias da profissão, e é neste sentido que a Inteligência Artificial pode ajudar de imediato, e já vem ajudando há um bom tempo com os conhecidos *chatbots*, mas há mais a ser feito, há mais robustez e importância a ser dada para os algoritmos de IA que não se resumem a atendimentos simples, pois uma inteligência artificial pode usar outros mecanismos digitais, pode por exemplo fazer uso de tecnologia de reconhecimento facial num supermercado e adiante cobrar a conta do mercado sem que o cliente tenha que passar pelo caixa, poderíamos no futuro não andar com nada nas mãos e sermos nós mesmos carregadores das nossas propriedades necessárias para o dia-a-dia (carteira de motorista, identidade, cartões de banco, passaporte etc), e isso está muito perto, já temos quase toda a tecnologia inventada para promovermos, mas há outros passos que devem ser dados para que essa transformação aconteça. Em primeiro lugar, o enfrentamento da burocracia e do pensamento conservador, e isso se faz com convencimento pela confiabilidade e viabilidade econômica de uma solução, em segundo a questão que deve ser respeitada é a motivação, porque ir para esse caminho requer que haja mais que ideias, mas fatos que precisam ser mudados, e em terceiro mas não menos importante, um estudo sobre impactos sociais, segurança individual e até condições de todas as pessoas em absorverem a tecnologia, seja por conta de ajustes de conhecimento para trabalhar no entorno da tecnologia, seja por conta das próprias carências econômicas do povo. É muito difícil elevar as discussões se não forem pautadas questões como essas que cito no livro, mas sabemos também que há uma redução do impacto direto de descarte de papéis e comprovantes no meio ambiente, e isso é mais uma força do avanço tecnológico que deve sempre estar contemplada em qualquer ideia que se defenda.

Um fato que não podemos deixar de discutir é de quem é o papel para que transformações digitais como o autoatendimento ocorram, já que as mudanças no setor privado quase nunca causam uma transformação nos espaços públicos. O que quero dizer é que o que um mercado decide por adotar como efeito da transformação digital, poderá não ser (muito provavelmente) o que o setor público irá adotar nas ruas e em outros espaços, então quando um supermercado decide por não exigir documentos de seus clientes, não irá surtir necessariamente efeito nas ruas e nem mesmo em outras lojas, tornando a virada tecnológica um convívio entre sistemas digitais e analógicos com o mesmo propósito. Não estou defendendo que o estado seja dono das ideias, mas deve regulamentar e evoluir lado a lado com as possibilidades para a área privada. A maioria dos autoatendimentos não surtem os efeitos universais no dia-a-dia, mas posso dizer que o setor privado promove uma visão ao consumidor, que se tiver uma experiência melhor ou igual às que tem quando é atendido por pessoas quando precisa, pode formar uma opinião negativa sobre setores públicos. Muita coisa já acontece neste sentido, e o ideal, repito, é que iniciativas públicas e privadas andem alinhadas.

Há um tempinho que o supermercado Zona Sul do bairro das Laranjeiras, no Rio de Janeiro, inseriu terminais (totens) de autoatendimento, dispensando a figura do caixa. A minha experiência foi excelente, e as opções de pesar ou usar leitura óptica e encontrar o alimento através da categoria antes de pesar na balança são realmente bem legais. Os terminais estão funcionando perfeitamente, mas é possível que muitas pessoas ainda se dirijam aos caixas humanos, e isso acontece muito pelo receio que se tem pela tecnologia. A crença é um papel determinante para se implantar o autoatendimento, e isso só se faz com um plano de transição que contemple aprendizado, mas especialmente a transformação cultural para que as pessoas confiem e se sintam seguras em utilizar. No caso de um atendimento que utiliza algoritmos de inteligência artificial, o cliente poderia apresentar um produto e rodar a resposta de reconhecendo como ilustrado na figura 14, e assim a interação ficaria mais simples. Por fim, a segurança das pessoas em utilizar os totens pode aumentar gradativamente, mas nada, nada mesmo, é da noite para o dia. Partindo disso, o plano de transição deve contemplar também um programa de redução da mão-de-obra em alguns nichos de atendimento e um programa de especialização das pessoas para que transitem para outro posicionamento dentro das tecnologias que as substituíram, e isso pode ser discutido se problema do estado ou da iniciativa privada, mas certamente é uma preocupação social. A verdade é que o número de vagas ofertadas é afetado pela transformação digital, e isso pode representar uma queda na presença de humanos em atividades pouco remuneradas ou de risco, mas também um crescimento sobre vagas com melhores salários e menos arriscadas, por conta da tecnologia que inova. Isso significa que um futuro nesta linha dará espaço a profissões mais especializadas, elevará o nível intelectual da sociedade e promoverá maior segurança no trabalho, mas nada é garantido, só a lógica diz isso. Não tem a ver com o que eu acabo de dizer aqui, mas podemos refletir sobre os técnicos de TVs que hoje lidam com aparelhos mais baratos nas lojas, o que tem inviabilizado um conserto e incentivado que o dono do aparelho defeituoso compre um novo aparelho. Veja, caro leitor, temos um imediato problema ambiental e social que já se observava em países mais desenvolvidos, mas a questão social tem sido ajustada nestes países? Vale refletir.

Resumindo aqui neste último parágrafo do capítulo, podemos dizer que para se implementar uma ideia de transformação digital, a figura abaixo reflete bem o que eu gostaria de passar adiante, considerando questões que podem determinar o sucesso da digitalização da atividade de autoatendimento, evitando "micos" e posteriormente culpar a tecnologia por conta de erros na análise para o negócio. Vamos observar:

Figura 15: sintetização da linha do tempo antes de se decidir pela digitalização das atividades de autoatendimento.

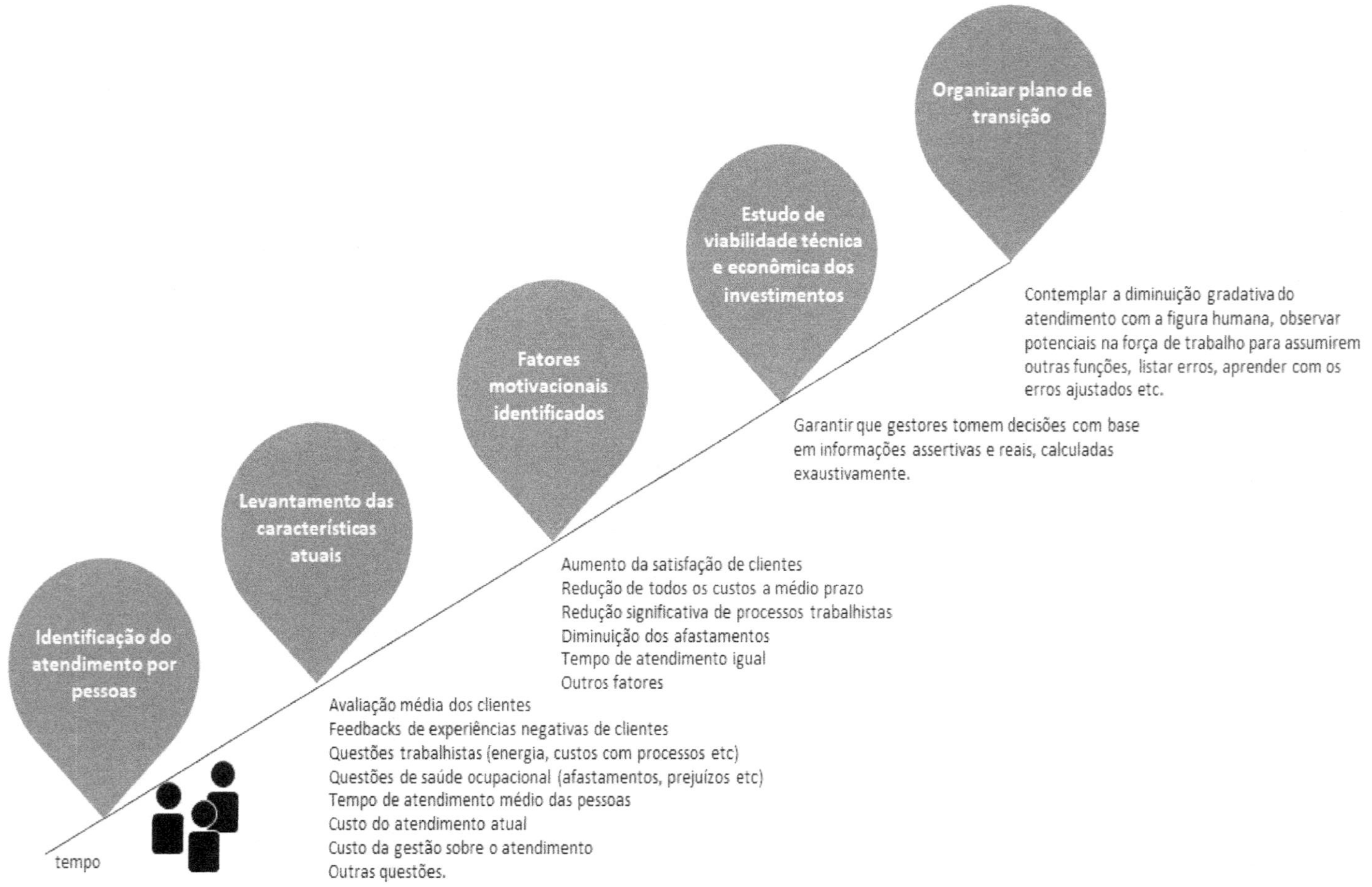

Organizar plano de transição
Estudo de viabilidade técnica e econômica dos investimentos
Fatores motivacionais identificados
Levantamento das características atuais
Identificação do atendimento por pessoas
tempo
Contemplar a diminuição gradativa do atendimento com a figura humana, observar potenciais na força de trabalho para assumirem outras funções, listar erros, aprender com os erros ajustados etc.
Garantir que gestores tomem decisões com base em informações assertivas e reais, calculadas exaustivamente.
Aumento da satisfação de clientes
Redução de todos os custos a médio prazo
Redução significativa de processos trabalhistas
Diminuição dos afastamentos
Tempo de atendimento igual
Outros fatores
Avaliação média dos clientes
Feedbacks de experiências negativas de clientes
Questões trabalhistas (energia, custos com processos etc)
Questões de saúde ocupacional (afastamentos, prejuízos etc)
Tempo de atendimento médio das pessoas
Custo do atendimento atual
Custo da gestão sobre o atendimento
Outras questões.

OMINICANAL (OMINICHANNEL), A TRANSFORMAÇÃO E A MELHORIA NA EXPERIÊNCIA DE CLIENTES DE SERVIÇOS DE ATENDIMENTO E SUPORTE DE TIC

Ominichannel (ou ominicanal) é um termo que deriva do latim "ominium" (todos) em união com a palavra contemporânea "canal", todos os canais. Mas não se resume em ter muitos canais, não se trata disso, mas na integração da visão das interações do cliente (ou usuário) em busca de atendimento. Sabe quando a gente diz a um determinado atendente, ou se o leitor já teve a experiência de estar do lado do atendimento, quando o cliente ou usuário fala coisas como "já mandei email, já liguei, já falei pelo chat e mesmo assim, nada!"? Sim, é uma péssima experiência, e ter múltiplos canais de contato ou múltiplas modalidades de interação (multimodal) não garantem que haja integração da visualização das interações ao longo do tempo. Resumidamente, ominichannel é a possibilidade de se tratar um mesmo problema, dando providências com visão de toda a linha do tempo, apresentando a evolução nos contatos da parte interessada. A figura seguinte nos dá uma visão de diferença básica entre as modalidades de contato do público interessado com a área de atendimento. Podemos perceber a falta de integração no multimodal (também multicanal), que nos remete a algumas experiências que tivemos na vida, não é mesmo? E para o cliente, a visibilidade das diferenças é puramente na percepção de organização que se tem. Vejamos:

Figura 16: comparação básica entre multimodal (multicanal) e ominicanal.

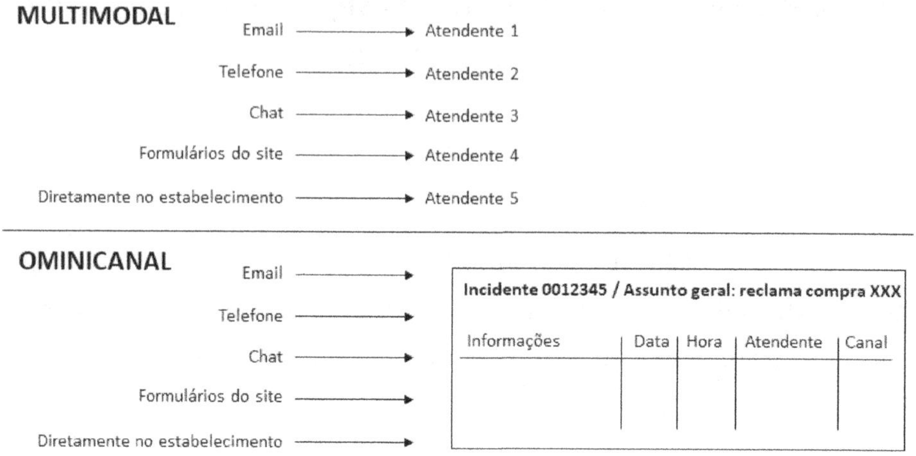

O ominicanal é um conceito para o reconhecimento dos canais, todos eles, como uma coisa única e necessária para a boa administração no negócio de atendimento. É claro que sempre haverá preferência do lado da empresa com relação ao canal que custa menos, e geralmente é o autoatendimento por assistente virtual (quando a empresa tem) ou SAC, sem interações humanas (FAQs, por exemplo), mas a questão principal é que as histórias sejam organizadas cronologicamente e que se tenha visão do todo, pois quando um cliente tem uma experiência ominicanal, certamente não vai reparar nada, vai conversar naturalmente como se as alterações entre atendentes não existissem. A qualidade é a manutenção da fluidez, a naturalidade das interações e um atendimento com menor perda de tempo. Sim, quando se fala em perda de tempo, podemos entender não só a satisfação do cliente indo por água abaixo, mas os custos da empresa se elevando pelo tempo a mais dedicado à demanda. Isso tudo também pode gerar problemas de motivação dos colaboradores, em função do reflexo na qualidade de vida do profissional de atendimento, que já recebe atividades que podem ser bem estressantes, mas nada se iguala a ouvir as ironias e desabafos do cliente, ter que ficar procurando por outros contatos etc. Então essa é a transformação que o cliente quer quando ele reclama que está repetindo tudo. Mas como trabalhar isso? Ora, é necessário se pensar em um projeto de TI, sim, um projeto que digitalize ou torne automática a integração das interações com as áreas de atendimento. O que quero dizer é que não adianta eu trabalhar na forma humana para cadastrar as interações, isso demanda tempo e o cliente pode querer ligar em um momento em que a digitação dessas interações não tenha sido feita. Esperar uma pessoa digitar as interações pode ser frágil para o negócio e mascara o que na verdade é só multimodal, pois é comum encontrar a integração manual, aliás é o mais comum, mas só é mesmo melhor que quando não se tem integração alguma, só que não podemos chamar de ominichannel, não mesmo! Um projeto de TI deve contemplar a digitalização das influências humanas em um processo que exige atividade repetitiva e com riscos da precisão.

Mas como modelar um sistema de atendimento ao cliente que seja sistêmico e único para toda a área de negócio? Quando falo em sistêmico, alerto o leitor para a importância do sistema em ser capaz de atender a todas as interações da parte cliente (ou usuária) com o negócio, e quando falo em único, vem uma luta pessoal em tentar manter o negócio em um único e bom (claro) sistema. Falando especificamente de TI, uma ferramenta ominicanal deve ter a capacidade de receber entradas em um único formato ou leiaute de dados, seja inteligente para extrair do email, dados como o assunto e o usuário (por exemplo) e organizar na mesma ocorrência da mensagem que chega por chat. Mas como sugestão para barateamento e facilidade de se produzir uma ferramenta, o desenvolvedor pode parametrizar as entradas dos meios de interação, de maneira que um sistema integrador tenha visão imediata da classe e linha de tratamento dessa interação. Uso de metadados funciona. Pode ser que haja uma única interação e consequente resposta para tratamento, mas geralmente há alguns contatos até que se resolva o problema do usuário, e isso exige os cuidados que coloco aqui. Abaixo um modelo de negócio simples, feito através de informática básica, sem inteligência artificial ou reconhecimentos especiais, mas que trata a entrada na visão do usuário e permite a perfeita integração dos canais. Nem sempre é necessária a adoção de tecnologias muito avançadas para inovar ou realizar transformação digital, recorrer a soluções baratas que exijam pouca manutenção e pouco tempo de projeto é quase sempre melhor. Acredito que o exemplo abaixo ilustra bem o que procuro defender, vamos observar?

Figura 17: modelo de entrada sugerido para promover a integração imediata dos canais de apoio ao usuário e composição da história do atendimento.

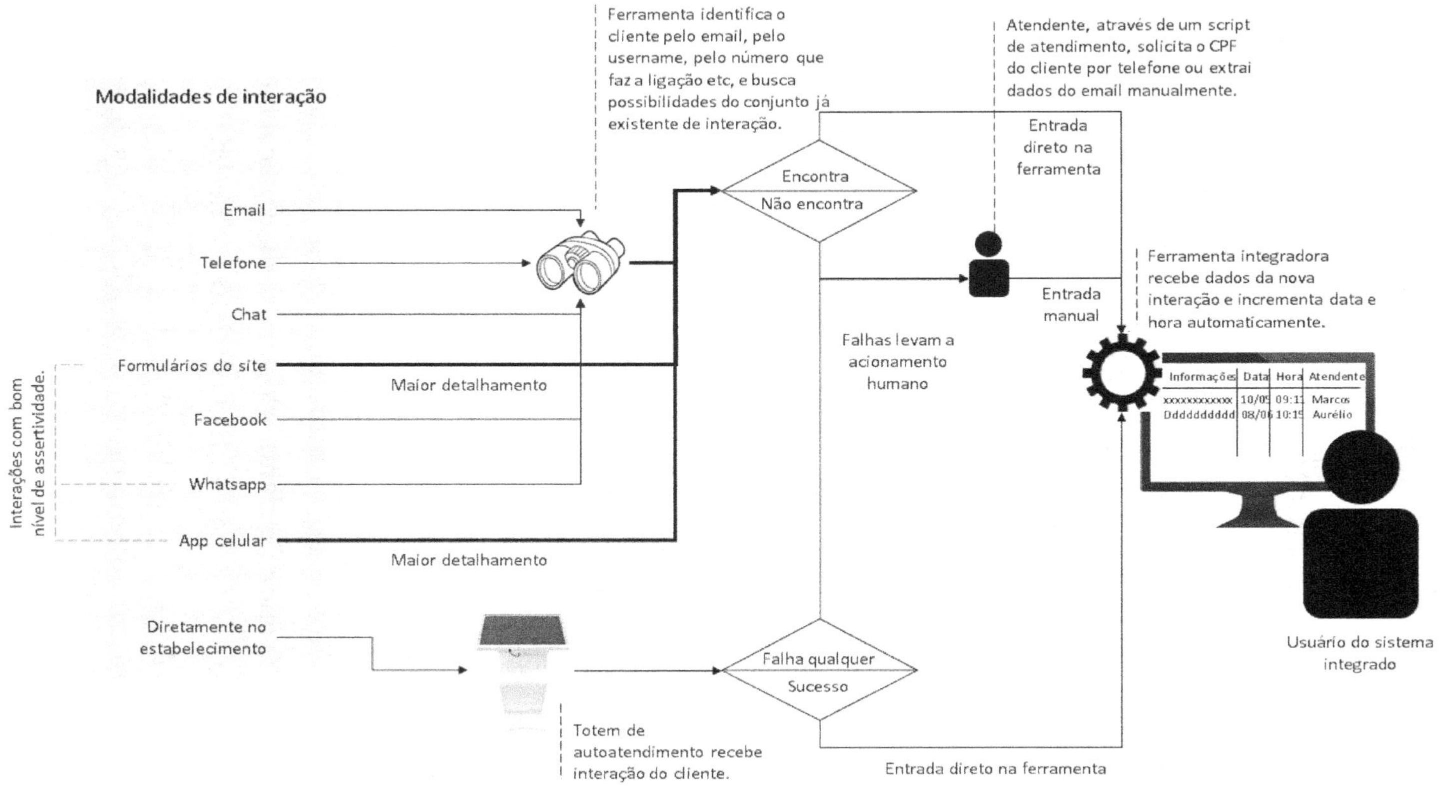
Modalidades de interação
Email
Telefone
Chat
Formulários do site
Facebook
Whatsapp
App celular
Interações com bom nível de assertividade.
Maior detalhamento
Maior detalhamento
Diretamente no estabelecimento
Ferramenta identifica o cliente pelo email, pelo username, pelo número que faz a ligação etc, e busca possibilidades do conjunto já existente de interação.
Encontra
Não encontra
Falhas levam a acionamento humano
Atendente, através de um script de atendimento, solicita o CPF do cliente por telefone ou extrai dados do email manualmente.
Entrada direto na ferramenta
Entrada manual
Ferramenta integradora recebe dados da nova interação e incrementa data e hora automaticamente.
Informações Data Hora Atendente
xxxxxxxxxxxx 10/05 09:11 Marcos
Dddddddddd 08/06 10:15 Aurélio
Usuário do sistema integrado
Totem de autoatendimento recebe interação do cliente.
Falha qualquer
Sucesso
Entrada direto na ferramenta

Além da visível vantagem geral, a experiência ominicanal oferece enorme conveniência da empresa para o cliente, quando consegue fazer o caminho de volta, dando pareceres por SMS ou outro canal que o cliente queira. É algo que por mais que seja simples, faz gigante diferença para o atendimento. Mas é importante colocar aqui, caro leitor, que ominicanal pode ser também observado diferente, como por exemplo uma indústria que fabrica seus produtos, mas não revende diretamente ao consumidor. Os produtos desta indústria podem, portanto, ser comprados de diversas lojas, com preços e prazos variados de entrega, como já é hoje nas lojas, mas que através de uma ferramenta de ominicanal de vendas (um site de busca e comparação de preços, por exemplo) o usuário pode escolher de quem comprar. E se essas lojas resolvem vender um produto e oferecer para o consumidor a venda deste mesmo produto só que de outras lojas concorrentes com negociação prévia de comissão ou troca de vantagens? Sim, imagina um tênis fabricado pela empresa XYZ e revendido pela loja ABC. Imagine agora que outras lojas também vendam este tênis, mas a loja ABC começa a vender, além dos tênis que compra para revenda, os de quem vende paralelamente. Meio louco? Isso já é uma realidade, sites brasileiros como das Lojas Americanas, Submarino, Netshoes etc., oferecem dentro de suas lojas, uma integração de outras lojas para oferecer um contato único ao consumidor, com os diversos canais eletrônicos de venda (as demais lojas). Incrível, não é mesmo? Faça um teste, caso o leitor não tenha visto isso acontecer, e entre em um site de compra grande como Americanas, Submarino, Netshoes ou Centauro a procura de um produto (bicicleta, tênis, televisor etc) e perceba que a loja poderá apresentar a possibilidade de compra de outras lojas além dela mesma, mas não deixe de colocar o CEP para perceber que as diferenças nos custos de entrega podem mudar a decisão do comprador.

Falando especificamente de clientes de TI, um usuário pode iniciar o seu atendimento para uma mesa de suporte específica, com base na classificação que ele mesmo deu quando informou o seu problema, e no decorrer do atendimento, a área consegue dar o encaminhamento correto e progredir no atendimento à medida que se observa a responsabilidade dentro da TI, mas sem expor seus mecanismos internos, sem cansar o cliente ou dar a impressão de que há várias TIs dentro de uma mesma. Se imaginarmos mecanismos mais avançados, como a Inteligência artificial analisando e classificando a interação do cliente a partir da imagem da dela de erro, por exemplo, o incidente pode ser encaminhado com maior assertividade para a mesa de suporte, mas mais ainda, pode recorrer a uma base de soluções que já atua no equipamento do usuário e resolve. Não é fantástico? Pois é, a integração de vários canais e a adoção de mecanismos avançados poderão apoiar muito a resolução de problemas, mas o mais importante em uma TI é ser organizada, ter gestores em seus papéis, pessoas conhecendo um processo maduro e que só muda na dinâmica da necessidade e não de vaidades. Com esta base organizada, um ominicanal dará bons passos para a melhoria contínua de atendimento e satisfação das pessoas (clientes e TI), mas sem uma base sólida e bem organizada, o melhor é nem dar passos tão arrojados até que tudo esteja em ordem lá atrás.

Ao escrever este capítulo, sempre me atentei à área de TI, é o meu meio, a minha história de criança até os dias de hoje, então quis mesmo apresentar essa realidade para os serviços de atendimento em TI, mas é certo dizer que ominicanal é um conceito extremamente difundido para marketing e estratégias de venda, não resumindo a isso – claro – como eu disse, mas com um emprego forte para alcançar vendas e fazer o produto encontrar o cliente. Hoje o ominicanal é uma ferramenta agressiva neste ramo de vendas, você consulta um item em uma loja e depois disso não para de ver o mesmo item nas redes sociais e emails SPAM, eu sei como isso é chato e útil ao mesmo tempo (rsrs).

A CULTURA DATA-DRIVEN, A SUA ADOÇÃO, DATA LAKE, BIG DATA E ASPECTOS DA TRANSIÇÃO CULTURAL

Explicar o conceito que gira em torno da cultura data-driven de uma forma bem direta? Ora, eu diria que se trata de pautar sempre sobre dados verdadeiros, deixando de lado aspectos ligados ao sentimento, à experiência pessoal e intuição, mas isso sempre foi muito difícil, porque para se utilizar dados verdadeiros, a gente entende que só seria possível quando esses dados já estivessem no passado e assim poderiam não servir ou não pertencerem mais a uma realidade em um futuro mesmo que próximo, não é mesmo? Sabíamos as coisas por jornais, com o tempo através de veículos eletrônicos, ou esperávamos uma oportunidade de interação para termos a informação que queríamos, e muitas empresas ofereciam estudos probabilísticos ou também as conhecidas pesquisas de mercado, feitas através de questionário e prancheta, abordando as pessoas pelas ruas... Que fase! Mas hoje a cultura data-driven, a cultura orientada por dados, nos permite uma análise real, e a depender dos recursos utilizados, uma análise sobre um cenário que acaba de acontecer, sim, muito mais do que sobre um cenário que já aconteceu, dados que podem ser constantemente analisados, e podem fazer um gestor chegar a uma decisão mais objetiva, usufruindo o máximo potencial existente nesses dados. Explicando de maneira mais prática, a pergunta que provoco o leitor a refletir é: qual a cultura implementada pela Netflix? Se você respondeu data-driven, você está correto, pois esta empresa trabalha com informações reais para formar seu acervo geral disponível para todos, para formar o acervo de indicação pessoal e até para a criação de novos filmes e séries, uma vez que as demandas nascem de informações reais obtidas. Você pode até criticar a indicação da Netflix com base em informações reais sobre o que você assistiu ou costuma avaliar, mas a empresa escolhe com base nas informações reais que são as obras que você analisa como boas ou ruins, mas também aquelas informações oficiais sobre o filme, que permitem classifica-lo como de mesma classe que você andou procurando e assim te oferece objetivamente, mas se você se lembrar, caro leitor, a Netflix diz ainda o percentual de chance de você gostar de um filme, com base no que você respondeu sobre filmes de mesma classe ou categoria. Um árduo trabalho de bastidor, mas que sofreu transformação digital que faz colheita de informações e as analisa através de algoritmo com camadas simples e de camadas mais profundas, promovendo artificialmente uma espécie de "amigo que dá dicas de filme". Não é brilhante? É claro que ninguém substitui alguém próximo, alguém das suas relações, que pode te dar uma dica com base em informações mais íntimas ou que pertençam a um contexto muito seu, de momento, mas a vantagem é que esse "amigo cinéfilo virtual" está sempre disponível para te recomendar e atende a quase 130 milhões de clientes com o mesmo padrão.

Se você leu os capítulos anteriores, já consegue pensar em recursos que em conjunto com conceitos apresentados até aqui, compõem um infinito robusto, capaz de transformar a forma que as coisas são feitas, e que munidos de informações verdadeiras, podem protagonizar vendas, aumentar acessibilidade, oferecer serviços com escalabilidade, oferecer produtos e serviços mais oportunos, expandir a criatividade e invenções com base nas demandas reais das pessoas, melhorar a qualidade da mobilidade urbana, modernizar pautado nas reais dores etc. Temos uma possibilidade infinita de benefícios, uma transformação à vista e já acontecendo, em prol de uma sociedade cada vez mais rápida e exigente. Se nós percebermos bem, já houve uma gigante alteração cultural que pôde apoiar e estabelecer solo fértil para os novos encaminhamentos da tecnologia, e essas alterações só foram possíveis através da evolução dos meios de telecomunicações e TI. Tudo segue uma ordem que se forma através do impulso que a sociedade como um todo exige e esbarra nos limites tecnológicos. Eu mesmo me recordo, ainda garoto, de quando assistia a episódios de séries de ficção e como eu me encantava com coisas que achava impossível: conversar distante sem fios, efetuar uma ligação com imagens, ler e enviar um documento através de um aparelho.... Observemos como essas coisas se naturalizam em nós e passam a ser desapercebidas no dia-a-dia como facilitadoras, como o jeito de fazer e ponto final. A próxima figura ilustra a forma que conhecemos de compra de comida por App do celular e o que pode acontecer quando um restaurante ou App especializado em restaurantes adota a cultura data-driven para considerar dados reais de seus usuários e permitir uma abordagem ativa assertiva. Observe, caro leitor, que a lógica de atividade do cliente comprador e da passividade da loja ou App que é acessado pode se igualar e termos dois pontos ativos ou a inversão disso no futuro, quando o cliente estiver isolado do App por algum tempo ou quando desistir.

Figura 18: apresentação simplificada de cenários na compra de comida no app.

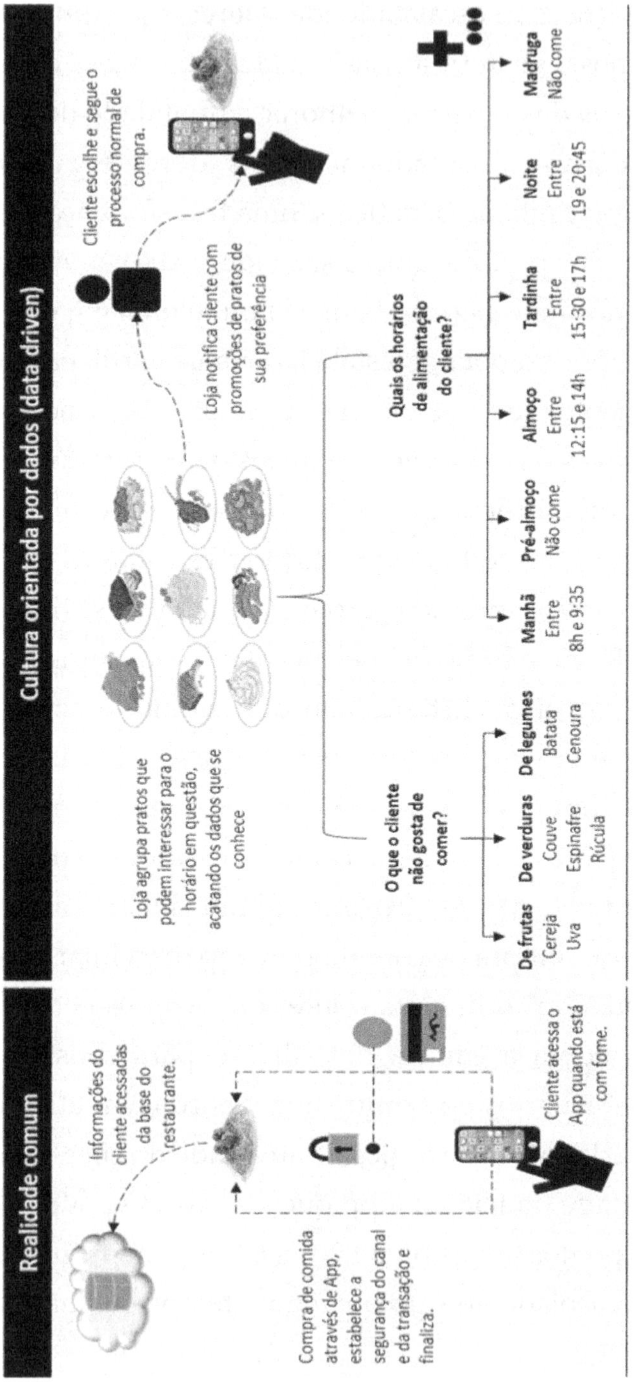

Gestores de empresas devem ter em mente que os dados existentes não devem ser usados para ratificar ideias fixadas ou para apoiá-los em decisões que querem tomar pelo sentimento de que é o certo a ser feito, este é um erro comum – embora qualquer um de nós observe como desastroso – mas todo o contexto empresarial, o conforto e o preparo do gestor, um mau trabalho de planejamento, as pressões e as políticas da empresa podem levar a erros como este, e reparar pode não ser mais possível, e é por isso que os dados devem ser interpretados e cada tese que se faz pelo conjunto de dados deve ser analisada cuidadosamente. Os dados, prezado leitor, não devem servir apenas para formar opiniões e nem tampouco devem servir para ser lei, mas para que se analise em um contexto bem pensado, de maneira que não se resuma em subsídio apenas para se tomar a decisão, mas para se saber quando, onde e com que frequência a decisão deve ser tomada. É papel da liderança atuar como moderadora no uso dos dados, pois eles não são muito se não estiverem alinhados com o planejamento estratégico e tático de uma instituição. Isso significa num exemplo prático, que não adianta os dados dizerem para uma empresa de calçados que há alta procura de botas na cor marrom neste momento e continuará até o final de determinado mês, se a empresa não possui maquinário e também se a implantação desse setor não dá certeza de que a instituição teria competitividade. Num futuro não muito distante, os dados serão ativos valiosos de uma empresa e assim terão grande influência no valor de mercado da instituição. De acordo com Gartner, até o ano de 2021 as empresas passarão a ser valorizadas de acordo com o que apresenta de informações sobre clientes e tudo mais, e esta previsão já é um indicativo de que a cultura data-driven será difundida em velocidade cada vez maior.

Instituições que desejam permanecer fortes devem ficar atentas às suas missões e valores, adequando o que julgarem necessário para evoluir, mas mais do que isso, devem contar com líderes alinhados e colaboradores conscientes e preparados para as estratégias da companhia.

Figura 19: o líder e a instituição data-driven.

Costumo falar muito sobre a criatividade e a criação diante de dados reais e esse é de fato, para mim, o maior ganho para a sociedade e para os setores lucrativos (não vou negar) mas o ponto é que diante de dados reais, as coisas acontecem mais rapidamente do que com decisões formadas sob hipóteses e probabilidades. Veja por exemplo, amigo leitor, que enquanto uma série de TV se desenvolve e tem sucesso nos primeiros episódios, comportamentos também são alterados na sociedade, onde muitas pessoas começam a comentar e a observar os personagens, eleger preferidos e absorver sotaques, gestos, roupas e até cultura. Esse conjunto de dados podem ser colhidos a partir de várias formas não detalhadas aqui, mas que podem estimular a criação de produtos e até outras obras de TV, aproveitando as partes bem aceitas pelo telespectador, e isso também é trabalhar com cultura orientada por dados. Mais ainda, preciso convidar o leitor a refletir que no futuro as empresas não serão especialistas em nada mais que dados, assim como o exemplo que dei da Netflix, e para que isso aconteça, há gigante necessidade de se administrar e analisar enorme volume de dados, e esse se torna o principal desafio da transformação, uma vez que os gostos, as preferências e o comportamento do consumidor serão responsabilidades assumidas pelas ferramentas, e em raras exceções, quando houver alguma indagação ou solicitação especial do cliente, aí sim poderia haver um atendimento mais humanizado. Assim como as interações especiais, sempre existirão informações diretas, como há hoje, mas não que elas sejam mais reais que as captadas e apresentadas em dados, mas porque se tornam indiscutíveis, como é o caso de uma pessoa que não gosta de filmes macabros, mas certa vez assistiu com amigos em casa, avaliou o filme, mas não pretende assistir. Neste exemplo, a pessoa irá criar o próprio filtro na ferramenta ou contatar a empresa responsável pelo *streaming* do filme. E isso não quer dizer que a informação que havia sobre a pessoa em relação ao filme seja irreal, pois a informação é também dada por ela em um momento, só que há outra informação direta (e não colhida) que nos ensina que há muita dinâmica em gostos, opiniões, vontades etc. Sim, estamos diante de um mundo que não vai deixar de ser humano, mas para boa parte das pessoas, há certa estabilidade para o exemplo que acabo de dar e o algoritmo acaba por ser de extrema utilidade para sugerir outros filmes ao cliente. É para tornar tudo mais assertivo que a tecnologia existe, pois só saberemos realmente se uma pessoa pretende viajar para um lugar ou outro, comprar uma coisa ou outra, beber, sair ou correr, se a gente estiver no convívio dela, e mesmo assim as pessoas mudam de uma hora para a outra e desistem de jantar para procurar um livro, por exemplo. É a vida e o leitor não deve entender que a tecnologia está aí para escolher por nós, mas por tentar servir a vontade das pessoas a partir de dados reais colhidos, e o desafio, volto a dizer insistentemente, está na visão dessa gigante massa de informações a serem colhidas sob vários formatos (imagens, vídeos, falas, postagens, lugares frequentados, compras, gostos etc.

Culturalmente nas empresas, os dados eram armazenados como garantia de visualizá-los no futuro, ou até para que fossem apresentados em auditorias, para discutir memórias de cálculo, lembranças de como foi feito etc. A mentalidade era sempre direcionada ao passado para se fazer o presente, mas a nova cultura (e por isso devemos chamar de cultura) é olhar para o presente e calcular o futuro com base em tendências muito mais objetivas e reais do que as lições aprendidas. É claro que a história é importante, e é claro portanto que olhar para as decisões do passado é importante, mas a cultura data-driven abandona a inclinação das decisões pelo *feeling* dos gestores, e saber onde quer estar tem como base o presente dinâmico onde a empresa está hoje. Era comum ver produtos que foram lançados e fracassados quase que de imediato, e isso pode ser praticamente extinto com data-driven, pois se um produto foi lançado e vendeu apenas 100 unidades, uma empresa não tinha que fabricar 1000 unidades, mas conhecer o potencial do mercado com base em dados reais e assim ser mais assertiva. Veja, caro leitor, nada é para sempre e não existe mágica, mas se refletirmos bem, está cada vez mais difícil inventar algo como Coca-Cola, Facebook e Netflix, não é mesmo? E uma instituição, sabedora disso, deve permanecer sólida (não inflexível), fortalecendo o seu mercado a partir de informações que garantam um negócio com melhor escala. Isso significa que informações como simples referência serve para contar história e evitar erros de maturidade e subestimação, mas as informações devem estar presentes para subsidiar decisões importantes, pois se uma empresa insistir em se planejar por *feelings*, certamente irá encontrar um concorrente que se baseou em dados e se preparou para isso. Mas não é uma migração cultural fácil, até por que não é só cultural, mas tecnológica, e é óbvio que as empresas que consideram dados poderão se assustar com o volume que recebem, e para que esse drama não as deixe fadadas à coleção estática e "inútil" de informações, é preciso primeiramente que as instituições se conheçam bem, em que ponto estão sobre a cultura data-driven e seus hiatos para um cenário ideal, para depois alavancarem um planejamento que coloque claras as âncoras (essas que citei e outras mais) e quais as informações que se tivessem nas mãos, poderiam "faturar" nos negócios. De posse das perguntas, a coleta deve garantir dados colaborativos, de todos os lados possíveis, permitindo que a margem de erro seja cada vez menor, e exaustivamente trabalhando para ter a visão do quão perto os gestores estão da informação mais certa. Se uma empresa chega a empregar Big Data em seus negócios, vai ter que ser capaz de trabalhar com esta pilha de informações, mesmo que isso aconteça gradativamente, dentro do interesse do planejamento da instituição, mas falo não somente de pessoas, porém computadores, servidores, aplicações, filtros, consultas etc. É muito aconselhável que se contrate uma consultoria com reputação no mercado, mas é importante também que sejam assinados acordos de sigilo com essas empresas. Digo isso particularmente, porque já ouvi muitos fornecedores citando exemplos de outras empresas, e muitas vezes com colocações que muito provavelmente não diriam se estivessem na frente de gestores dessas empresas. Dados são importantes e é para todos, e cada vez mais esses dados serão buscados, mas não estou alertando sobre aqueles dados que devem ser compartilhados, as trocas são imprescindíveis, mas uma empresa não deve dizer ao seu concorrente que com base nos dados de alteração de consumo que chegaram à conclusão por rigorosa análise, irão produzir determinado número de produtos. Assim como uma empresa policiava seus bens patrimoniais, e os controlava por meio de softwares de gestão de ativos, terá que ter zelo por seus dados, aliás, terá que ter carinho, atenção e compreensão. Há uma teoria de que o Gartner teria acidentalmente estimulado uma avalanche de figuras de linguagem em 2001, quando publicou um artigo que previa tendências na indústria, representando essas previsões em três palavras que começavam com a letra V: volume de dados, velocidade de dados e variedade de dados. A partir daí, as palavras com a letra V não param de surgir, e eu particularmente me apego fortemente a 8 delas, que até 2014 eram todas as palavras que apoiavam e alertavam sobre dados disponíveis. Vejamos a figura seguinte:

Figura 20: o Big Data com 8 Vs (até 2014)

O blog 7wData publicou em 2017 uma lista de 42 palavras começando com a letra V e justifica esta coleção de palavras como a forma requerida por um mundo de análises cada vez mais sofisticado. Eu particularmente não me simpatizo muito com a busca de palavras porque me parece uma necessidade puramente de se manter o simbolismo da letra V, mas no caso da 7wData, as palavras são excelentes para refletimos atuação, precaução e preocupação com Big Data e a ciência de dados. Esse conjunto de palavras inclui as 8 anteriores. Vamos lá:

Tabela 4: proposta com palavras, 42Vs, publicada pela 7wData em 2017 e traduzida para o português.

Inglês	Português	Detalhamento
Vagueness	Imprecisão	O significado dos dados encontrados é muitas vezes pouco claro, independentemente da quantidade de dados disponíveis.
Validity	Validade	Ter rigor na análise é essencial para previsões válidas.
Valor	Valor	De posse do Big Data, devemos enfrentar os grandes problemas.
Value	Importância	A ciência de dados é importante porque fornece valores cada vez mais importantes ao público de interesse, e evolui com o aumento do volume de dados, envolvendo e desenvolvendo novas técnicas.
Vane	Ventoinha, "Direcionar vento"	A ciência de dados pode auxiliar na tomada de decisões, se apontada na direção correta.
Vanilla	"Baunilha", simplicidade.	Modelos mais simples, construídos com rigor, podem fornecer valor.
Vantage	Vantagem	Big Data permite uma visão privilegiada de sistemas complexos
Viability	Variabilidade	A ciência de dados geralmente modela fontes de dados variáveis. Modelos implementados em produção podem encontrar dados especialmente desordenados.
Variety	Variedade	Na ciência de dados, trabalha-se com muitos formatos de dados (textos simples, bancos de dados relacionais, redes de gráficos) e níveis variáveis de integridade desses dados.
Varifocal	"Bifocal"	A variedade de foco do Big data e data Science, juntos, permitem ver a "floresta" e as "árvores".

Varmint	Termo americano para arma de fogo precisa.	À medida que o big data cresce, os softwares podem apresentar mais erros.
Varnish	Verniz	Como os usuários finais interagem com problemas de trabalho nossos e como contam com a polidez.
Vastness	Vastidão	Com o advento da Internet das Coisas (IoT), a "import" do Big Data está se acelerando.
Vaticination	Vaticinação (ato de prever o futuro)	A análise preditiva fornece a capacidade de previsão. Essas previsões podem ser mais ou menos precisas, dependendo do rigor e da complexidade do problema. O futuro é incômodo e nunca está de acordo com "March Madness bracket" (grade de jogos como uma espécie de liga).
Vault	Como um cofre ou cripta	Há muitos aplicativos de ciência de dados baseados em Big Data e geralmente sensíveis, o que faz a segurança dos dados ser cada vez mais importante.
Veer	Capacidade de desvio (a dinamicidade do caminho)	Com o surgimento da ciência de dados ágil, devemos ser capazes de navegar pelas necessidades do cliente e mudar rapidamente de direção quando solicitado.
Veil	Véu	A ciência de dados fornece a capacidade de sondar a cortina ao redor e examinar os efeitos das variáveis latentes nos dados.
Velocity	Velocidade	Não é apenas o volume de dados que está aumentando, mas a taxa de geração de dados (da Internet das Coisas, mídias sociais, etc.) está crescendo também. Devemos ficar atentos.
Venue	Local, ponto de acontecimento	O trabalho de ciência de dados ocorre em diferentes locais e sob diferentes arranjos: localmente, em estações de trabalho de clientes e na nuvem.
Veracity	Veracidade	A reprodutibilidade fiel e real é essencial para uma análise precisa.

Verdict	Veredicto	À medida que um número crescente de pessoas é afetado pelas decisões dos modelos, a Veracidade e a Validade tornam-se cada vez mais importantes.
Versed	Versátil, entendido, habilidoso	Os cientistas de dados geralmente precisam saber um pouco sobre muitas coisas: matemática, estatística, programação, bancos de dados, negócio do cliente etc.
Version Control	Controle de versão	Ter a certeza de que está atuando sob informações mais atuais ou próprias para o assunto em questão.
Vet	Capacidade de examinar, corrigir, criticar	A ciência de dados nos permite examinar nossas suposições, aumentando a capacidade de decisão com evidências.
Vexed	Exaustão, resultado a frente de problemas	Parte da excitação em torno da ciência de dados é baseada em seu potencial para lançar luz sobre problemas grandes e complicados.
Viability	Viabilidade	É difícil construir modelos robustos e é ainda mais difícil construir sistemas que sejam viáveis para adotar numa instituição.
Visualization	Visualização	Frequentemente, visualização é a única maneira pela qual os clientes interagem com os modelos.
Vivify	Vivificar	A ciência de dados tem o potencial de animar todos os tipos de processos de tomada de decisão e de negócios, desde o marketing até a detecção de fraudes.
Vibrant	Vibrante	Uma comunidade de ciência de dados próspera é vital e fornece insights, ideais e suporte.
Victual	Vitual, alimento, fonte de abastecimento	Big data - o alimento da ciência de dados moderna.
Viral	Viral	Como os dados se espalham entre outros usuários e aplicativos?

Virtuosity	Virtuosidade	Se os cientistas de dados precisam saber um pouco sobre muitas coisas, devemos quando gestores e público de interesse aprendermos alguma coisa.
Viscosity	Viscosidade	Relacionada à velocidade, sobre o quão difíceis são os dados para trabalhar.
Visibility	Visibilidade	A ciência de dados fornece visibilidade para problemas complexos de Big Data.
Vocabulary	Vocabulário	A ciência de dados fornece um vocabulário para lidar com vários problemas. Diferentes abordagens de modelagem apresentam domínios de problemas distintos, e diferentes técnicas de validação fortalecem essas abordagens em diferentes aplicações.
Vogue	Popularidade	Vogue: "Machine Learning" se torna "Inteligência Artificial que por sua vez se torna?
Voice	Voz	A ciência de dados oferece a capacidade de falar com conhecimento (embora não seja sobre tudo) mas sobre diversos tópicos.
Volatility	Volatilidade	Especialmente em sistemas de produção, é preciso se preparar para a volatilidade dos dados. Dados que "nunca" faltam, podem desaparecer de repente, os números de uma hora para outra podem conter caracteres.
Volume	Volume	Mais pessoas usam dispositivos de coleta de dados à medida que mais dispositivos se tornam habilitados para internet. O volume de dados está aumentando a uma taxa impressionante.
Voodoo	Vodu	A ciência de dados e o Big Data não são vodu, mas como podemos convencer os clientes em potencial, sobre o valor da ciência de dados para gerar resultados com impacto no mundo real ou nos problemas reais de uma instituição?
Voyage	Viagem, análise,	Podemos sempre continuar aprendendo enquanto lidamos com os problemas que a ciência de dados oferece.

	pensamentos flutuantes...	
Vulpine	Sentido de astuto	Astuto como uma raposa, por favor.

Este livro apresenta uma grande coleção de literaturas e links nas páginas de referência bibliográfica, e aconselho uma leitura profunda sobre Big Data, mas recomento também os cursos de especialização acadêmicos, como pós-graduação e cursos de extensão. Big Data exige mais que um saber tecnológico sobre ferramentas, mas o conhecimento da exata necessidade que o demandante tem. Profissionais de TI começarão a observar, e isso já está acontecendo, que todo mundo vai ser um pouco ou muito TI, não dá mais para negarmos que a tecnologia virou algo próximo de todos os campos profissionais, e desta forma, profissionais não-TI deverão exigir muito mais dos profissionais de tecnologia que no passado, penso, entendendo que o básico até a criança já faz. Uma busca por um dado com objetividade? Ora, quem não sabe fazer? Mas como trabalhar a massa de dados tecnicamente falando, e encontrar os caminhos que levam à informação? A retórica se responderia simplesmente assim: "com especialização", e o artigo publicado em 2017 no site Datamation.com por Cynthia Harvey apresenta não o fim de algumas profissões de TI, mas em maior valorização de acordo com a especialização. Vejamos:

Figura 21: as carreiras de TI voltadas para dados e comparação de salário anual nos EUA (valores em dólar), de acordo com a Data Motion.

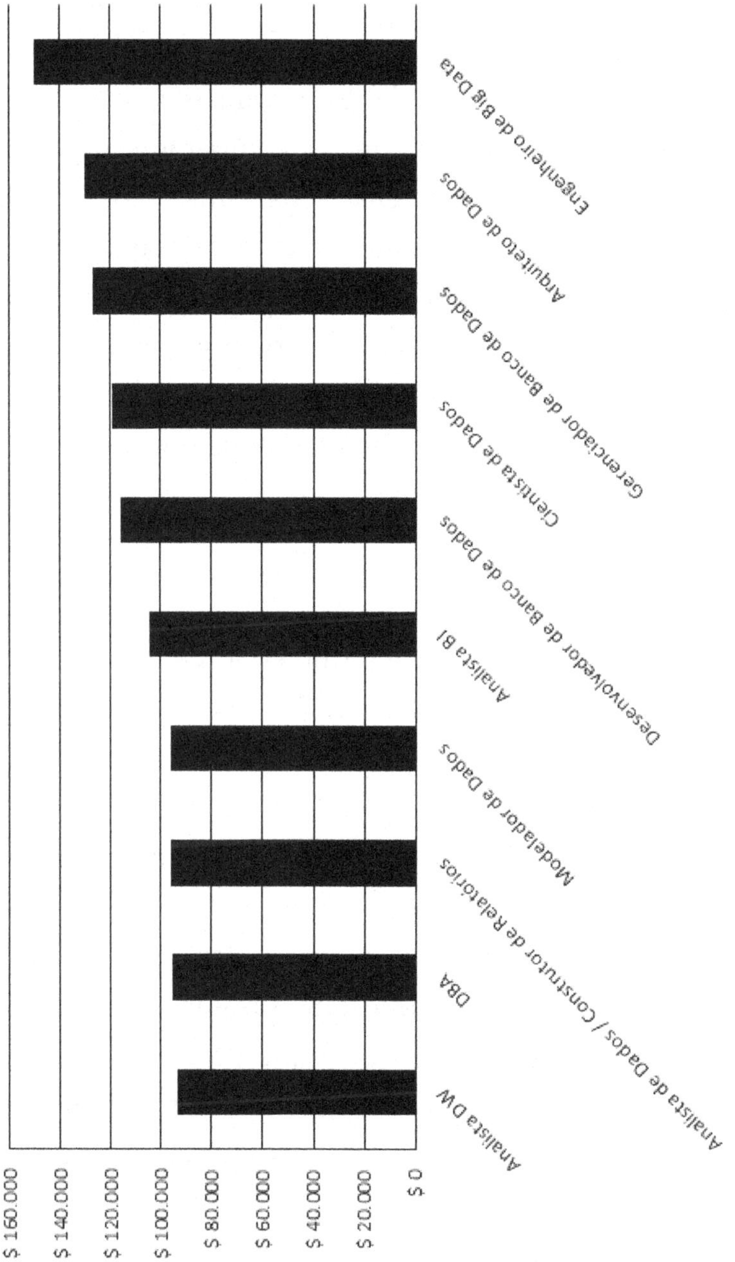

Importante entendermos a questão local e os valores pertencentes àquele país, mas o que convido o leitor a refletir é sobre profissões que antes eram muito bem remuneradas e estão cedendo espaço para outras novas e mais aplicadas aos dados em si, e não com atividades meramente de custodiante ou mantenedor de servidores. Pode ser comparado a qualquer país que adota tecnologia nas empresas, uns acontecendo mais rapidamente, outros nem tanto, mas o fato é que essa visão apresenta a necessidade do demandante em extrair informações que exigem maior trabalho de bastidor e gigante interação com aqueles que conhecem o negócio e estão à serviço do demandante para outras visões (contabilidade, marketing, jurídico etc).

Data Lake

Data lake é um termo criado há alguns anos e que surge do Chief Technical Officer (CTO) para nos representar um repositório ou sistema de armazenamento de dados em sua forma natural, como concebido, seja através de entradas em sistemas, ou por capturas através de dispositivos. O fato é que o Data Lake é o armazenamento de gigante volume de dados que podem ou não chegar estruturados. Particularmente, eu defino o Data Lake como a fonte do Big Data, mas não é um conceito muito diferente de servidores de dados, a diferença é que no serviço de dados, há ordenação dos dados por orientação de seus sistemas ou pela taxonomia ou organização de diretórios, geralmente há proprietário, mas no data lake não há necessariamente uma orientação ou classificação, podendo estar atrelado a uma data ou a um assunto específico sem amarras de sistemas, é uma porção de dados. Imagine que eu queira saber informações de determinados torcedores de futebol sem que essas informações estejam em um sistema específico de cadastro, mas sim sobre qualquer dado que existir, como as compras nas bilheterias, as entradas em estádios, as imagens desses indivíduos na torcida, registros em redes sociais, publicações em jornais etc. A este armazenamento generalizado, damos o nome de Data Lake, e quando a questão é respondida de forma classificada, com sentido e em linhas coerentes, damos o nome de Big Data. É possível encontrar para a mesma definição que temos de Data Lake, o nome Data Hub. Para uma empresa, julgo importante que se tenha um único Data Lake e assim poder servir a qualquer questão que se provoque.

Há uma solução de código aberto denominada Hadoop, que foi desenvolvida pela Apache Software Foundation com o objetivo de processara gigantes volumes de dados, com escalabilidade para consumo etc, democratizando o seu uso por diversas pessoas e empresas, mas o Data Lake não se resume a isso, e é um erro resumir seu conceito a uma aplicação ou solução de mercado. Como profissional de banco de dados que fui durante boa parte da minha vida, eu definiria como conjunto de dados desestruturado (formado por fontes que podem ser estruturadas ou não) e que antecede os conceitos de gerência de banco de dados. Data Lake é mesmo um lago com tudo dentro, tudo que foi possível registrar e armazenar, mesmo que não se tenha uma utilidade visível para todos os dados que há lá. Vejamos a próxima figura.

Figura 22: a alimentação do Data Lake e alguns aspectos de consumo.

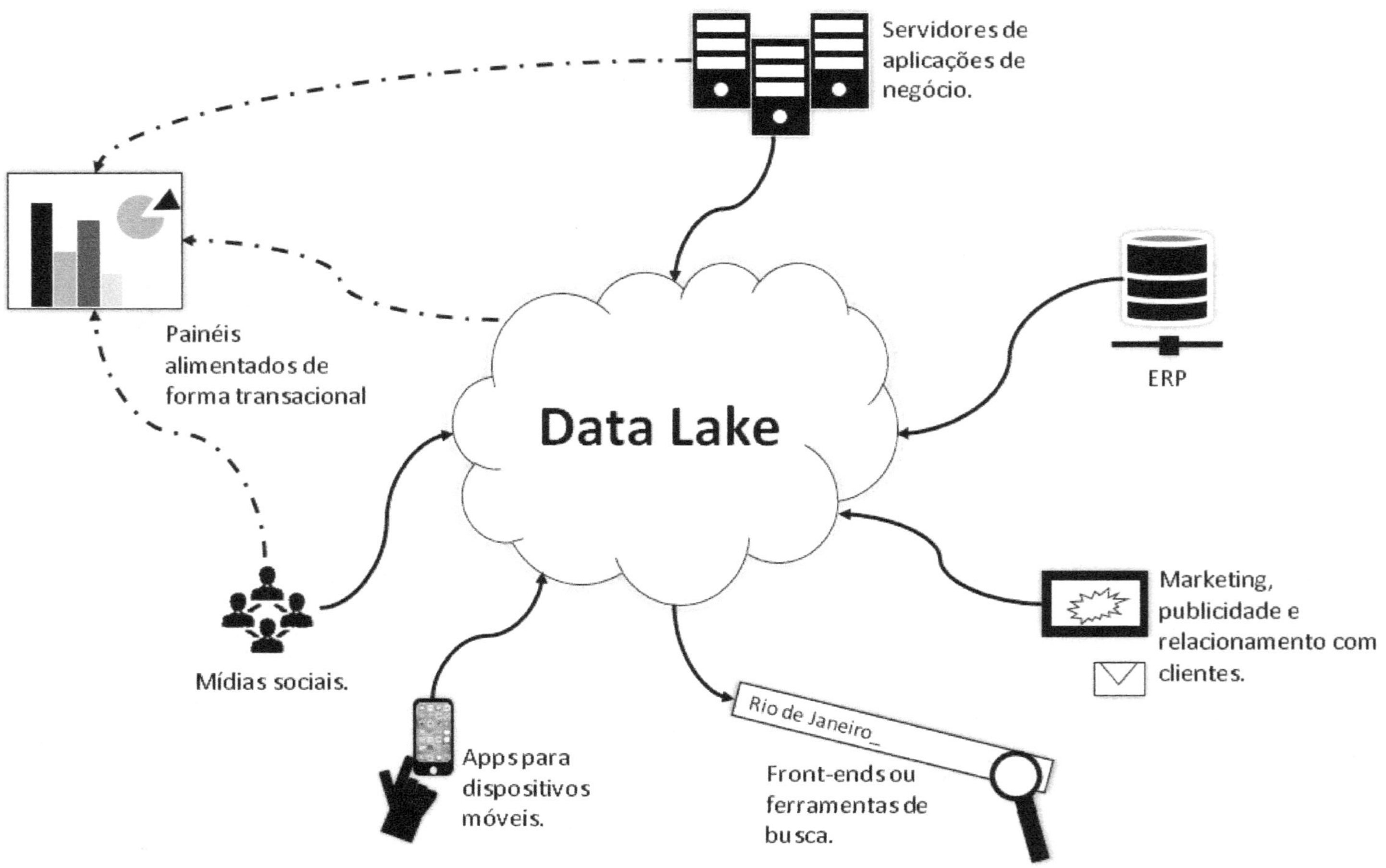
Servidores de aplicações de negócio.
Painéis alimentados de forma transacional
ERP
Data Lake
Mídias sociais.
Marketing, publicidade e relacionamento com clientes.
Rio de Janeiro_
Apps para dispositivos móveis.
Front-ends ou ferramentas de busca.

BLOCKCHAIN: OS CONCEITOS, A EXPLOSÃO DAS CRIPTOMOEDAS E AS ORGANIZAÇÕES AUTÔNOMAS DESCENTRALIZADAS (DAO)

Uma criptomoeda nada mais é do que um tipo de troca digital e contemporânea que explora recursos tecnológicos como o blockchain e faz uso de criptografia moderna e robusta. A primeira moeda descentralizada criada foi o Bitcoin, no ano de 2009. Essa descentralização significa que o acompanhamento da moeda é feito por todos, sem controle ou propriedade de países ou outras entidades, sim, todos têm visão de todas as transações, diferentemente do sistema comum de bancos. Por ser a moeda digital mais disseminada, as demais moedas alternativas foram denominadas genericamente de *altcoins*. Esse nome foi dado por pelo jornal The Wall Street.

No Blockchain, apesar das transações serem vistas por todos, uma pessoa responsável por uma transação não é reconhecida, não podemos saber quem, apenas a sua chave ou outra legenda, e por causa disso, em alguns países há leis que obrigam a ter guardado um banco com dados pessoais dos que fazem transações. Há muitos receios por causa dessas questões, e portanto alguns países proibiram transações por criptomoeda, e não são poucos. Muitos economistas consideram a criptomoeda como um ato contra-econômico ou uma forma de anarquismo de mercado, e outros acham, no entanto, que se trata de uma onda inevitável sob o ponto de vista da necessidade social e na contribuição com o termo cashless (menos uso de moedas impressas). Há especialistas que observam uma enorme vantagem não só considerando as facilidades e segurança, mas porque há limite no número de bitcoins, que é de 21 milhões de moedas, o que previne inflações, mas isso na verdade fez os bitcoins darem um salto por elevarem a expectativa das pessoas, fazendo muita gente comprar imaginando que o futuro seria instantâneo. Muita gente resolveu entrar de cabeça para investir, partindo da ideia de que quanto mais raro, mas caro. Há o caso de um rapaz americano de 18 anos que pagou cerca de 12 dólares por cada um dos 83 bitcoins que adquiriu, e hoje – no momento que escrevo este livro – ele tem 83 vezes os 11 mil dólares que cada bitcoin vale.

Há muita discussão sobre o bitcoin como um ativo financeiro, algo que está lá como o ouro, mas que só sobrevive em meio digital, porém podemos comprar softwares e há quem comprou até mesmo comida. Essas possibilidades serão cada vez mais reais, a questão mesmo é que falta muito para que a moeda se estabeleça como ameaça ao papel comum, assim entendo, uma vez que: 1. Não há moeda para todo mundo; 2. Há muitos humanos fora do mundo digital; 3. Ainda há baixa adesão de instituições, lojas etc.; 4. Gigante desconhecimento das pessoas para compreender; 5. Por força de muitos países e bancos para protegerem seus interesses; e 6. Porque seus valores variam como um investimento de risco. Posso estar errado, mas espero estar certo, porque especialmente pelo que citei aqui como número 2, a nossa sociedade não pode se desenvolver à margem da tecnologia, mas como parte interessada e beneficiada por ela, e se uma inclusão em termos globais acontecer, as criptomoedas serão muito bem-vindas.

Organizações Autônomas Descentralizadas (DAO)

As DAOs são empresas organizadas através de softwares. Esses programas de computador são chamados de contratos inteligentes ou cadeias de blocos e são executados por usuários de blockchain. Qualquer usuário pode participar de uma DAO, contanto que esteja disposto a gastar alguma quantia em criptomoeda. Uma DAO não é capaz de construir um produto ou executar um serviço, e é preciso entender isso, mas é capaz de contratar através de decisões daqueles que participam dela, e um contrato inteligente irá efetuar o pagamento ao fabricante ou executor do serviço.

Figura 23: estrutura organizacional simplificada - instituição centralizada.

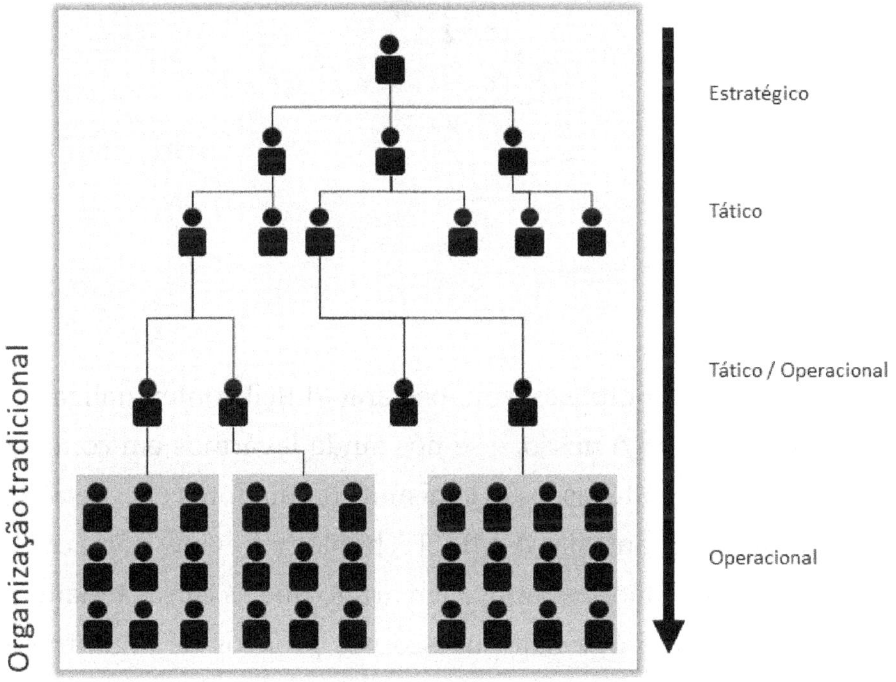

Figura 24: exemplo de organização autônomas descentralizada.

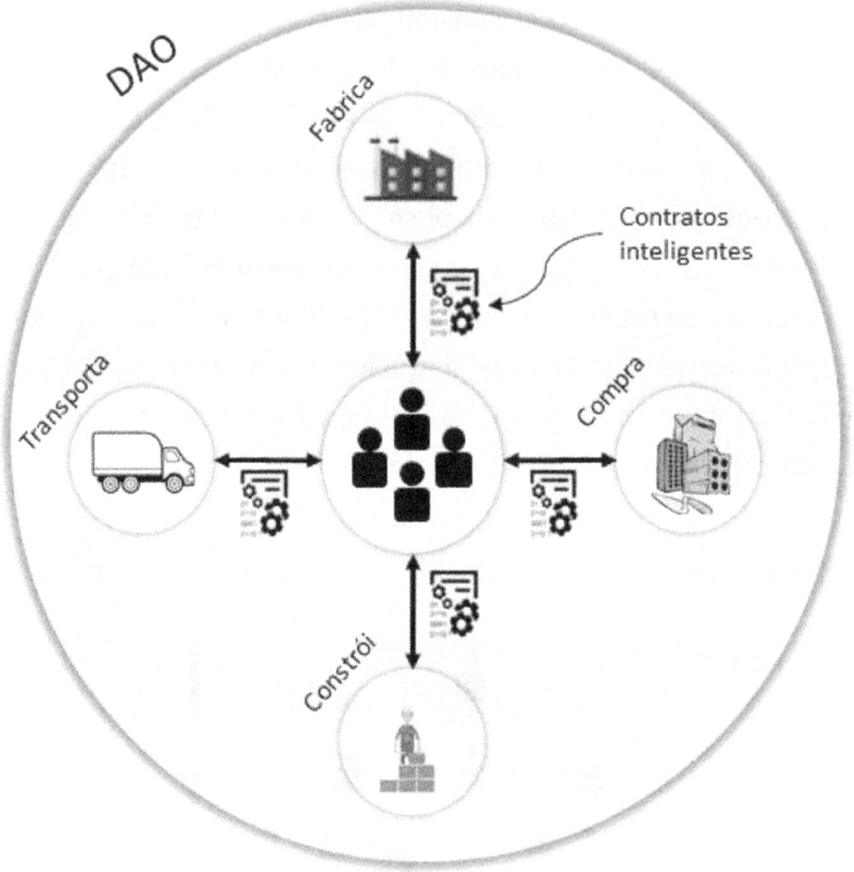

Complexo, sim, bastante difícil contextualizar isso num mundo como o nosso, e se nós ainda levarmos em conta que há as diferentes culturas, os organismos reguladores etc., essa ideia chega a ser uma fantasia. A MIT Technology Review não acredita em um bom resultado, e ratifica em artigo que as coisas teriam que mudar muito para que haja sucesso nos projetos de organizações autônomas descentralizadas. Um ponto de alerta é com relação à segurança, já que uma DAO é democrática e só é necessário ter dinheiro (criptomoeda). Isso facilita espionagem e sabotagem de um negócio em prol de outro, e de maneira sutil, com decisões erradas por objetivo, porém soando como uma real posição de um dos sócios. Há muito o que se discutir, mas não dá para fugir das regras que conhecemos, mesmo que a gente entenda que o mundo precisa ser mais livre, que as oportunidades precisam ser as mesmas, embora esta questão seja utópica, já que o passe para viver neste mundo vai além do conhecimento e informação, é preciso ter condição financeira para se ter criptomoedas, e isso já exclui a liberdade logo de início, mas as regras serão sempre a forma de se ter disciplina, assim observo na minha singela visão, e sem regras e sem alterações culturais que a sociedade veja necessárias e nelas se perceba incluída, o caminho será mais complicado, e pode ainda fadar as DAO a serem empresas de escopo mais simplificado que as tradicionais.

Hoje em dia, acredito que por mais liberal que um país possa ser, sempre irá impor uma estrutura legal como ocorre tradicionalmente ditada pelas instituições e pessoas que têm mais dinheiro. Vamos aguardar o que vem por aí, pois o mundo digital tem tomado espaço e tem sido crescentemente inclusivo (número de pessoas fazendo uso de tecnologias). Se continuar assim, se as criptomoedas tiverem regras de aquisição diferentes das regras de se ter ouro ou qualquer outra riqueza, quem sabe, mas por enquanto são somente uma maneira de transitar do dinheiro para um bem raro.

IOT (INTERNET DAS COISAS), WEARABLE, BEACON, BLUETOOTH (BLE4/5), RFID, NCF, AS TAGS, QRCODE, DATAMATRIX, CÓDIGO DE BARRAS E PDAs

Internet das Coisas não se resume ao conceito de conexão de objetos à Internet, mas sim sobre a forma como esses objetos se conectam entre eles mesmos e entre os usuários, fazendo uso de sensores e de softwares que programam atuação frente a eventos e fornecem dados para uma rede. Imagine que você esteja fazendo uso de uma pulseira que analisa o seu batimento cardíaco e automaticamente informa ao seu médico sobre o seu estado, a pulseira (wearable) é o objeto e há nele um sensor, o evento é a sua alteração de batimento e a ação (ou a atuação) é o envio de mensagem ao médico. Agora transporte essa ideia para um cenário ainda mais complexo, em que uma câmera pode estar programada a julgar um problema de congestionamento, fazendo uso de inteligência artificial, e a partir daí atua enviando informações específicas para a polícia rodoviária, orienta demais motoristas através de sistemas de navegação e ainda atua sobre outros objetos, como placas sinalizadoras nas estradas. Isso não é fantástico? É inesgotável o número de ideias e soluções que podem surgir deste conceito de IOT (Internet Of Things), e a nossa sociedade já está sofrendo transformações que muitas vezes nem percebe, como informações sobre condições climáticas, lentidão no trânsito, interrupções em vias etc. Além disso tudo, um usuário de IOT pode desfrutar de confortos particulares, como mandar imprimir uma foto que acaba de tirar na rua diretamente para a impressora de casa, controlar a iluminação do seu apartamento, ver como estão seus animais domésticos através de câmeras conectadas, observar o sono de um bebê e a segurança da sua casa. Podemos imaginar uma geladeira percebendo o término de determinado alimento e já encomendando do mercado, usando meios eletrônicos de pagamento (cartões de crédito e até criptomoedas) e, claro, Internet.

A colheita de coisas boas para o nosso conforto, praticidade, economia de tempo, velocidade e segurança acabam por não nos deixar ver algo que pode surgir como indesejável: privacidade. Sim, entendo que à medida que permitimos que nossos dados (posição geográfica, onde comemos, onde moramos, onde estudamos, onde trabalhamos, quem são as pessoas de nossa relação etc) podem ser vistos por softwares, as empresas passam a nos conhecer e a formar o seu "lago de dados" (Data Lake) sobre nós, elaborando perguntas sobre nossos hábitos e gostos, e formatando esses dados para que respondam a cada uma delas.

Figura 25: exemplo simples de atuação de objetos e pessoas envolvidas.

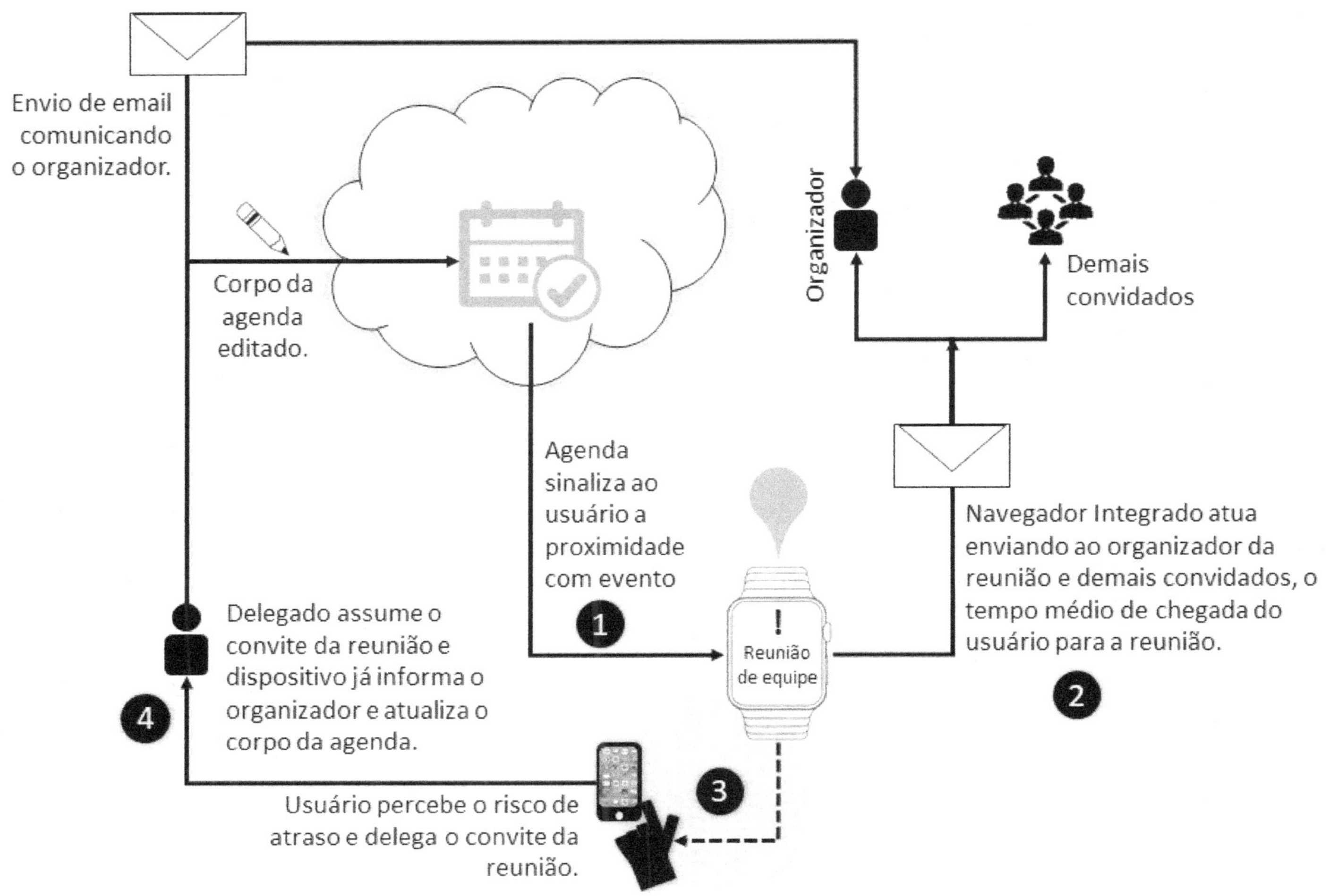
Envio de email comunicando o organizador.
Corpo da agenda editado.
Organizador
Demais convidados
Agenda sinaliza ao usuário a proximidade com evento
1
Reunião de equipe
Navegador Integrado atua enviando ao organizador da reunião e demais convidados, o tempo médio de chegada do usuário para a reunião.
2
Delegado assume o convite da reunião e dispositivo já informa o organizador e atualiza o corpo da agenda.
4
3
Usuário percebe o risco de atraso e delega o convite da reunião.

Mas lendo isso tudo que eu disse até aqui, acredito que é importante frisar ao leitor que um projeto de IOT não é um projeto de automação, por mais que o resultado seja sobre objetos que têm autonomia diante de um "gatilho", só que um projeto de IOT é um projeto totalmente digital, com inteligência guiada por software para atuar orientado a eventos, acionado através de sensores, enquanto um projeto de automação pode ser desde um sensor físico com atuação mecânica, como acontece com o fechamento do cano da caixa d'água ao se elevar a boia, até um sensor físico com atuação digital. O que eu quero dizer na verdade é que IOT não se resume em automação, mas muito em breve toda a automação será digital, não é difícil prever, já que estamos no meio de uma transição para a Indústria 4.0. Já é possível, por exemplo, encontrar sistemas automatizados com sensores ligados a pequenos microcomputadores (o mais popular é o Arduino) e que desencadeiam atuações através de softwares. A partir daí, pode ocorrer o desencadeamento de dados para objetos que estejam dentro do conceito de IOT. A próxima figura ilustra uma série de sensores ligados a um minicomputador e as ações de atuadores, que atuam sobre dispositivos compatíveis como todos os sensores são, portanto podem regular ar condicionado, podem abrir e fechar válvulas, podem ligar a ventilação sobre equipamentos quentes ao comando de temperatura muito alta etc. Este é um exemplo de automação moderna e passível de se conectar a outras redes para conexão com dispositivos inteligentes.

Figura 26: minicomputador Arduino com sensores ligados a ele.

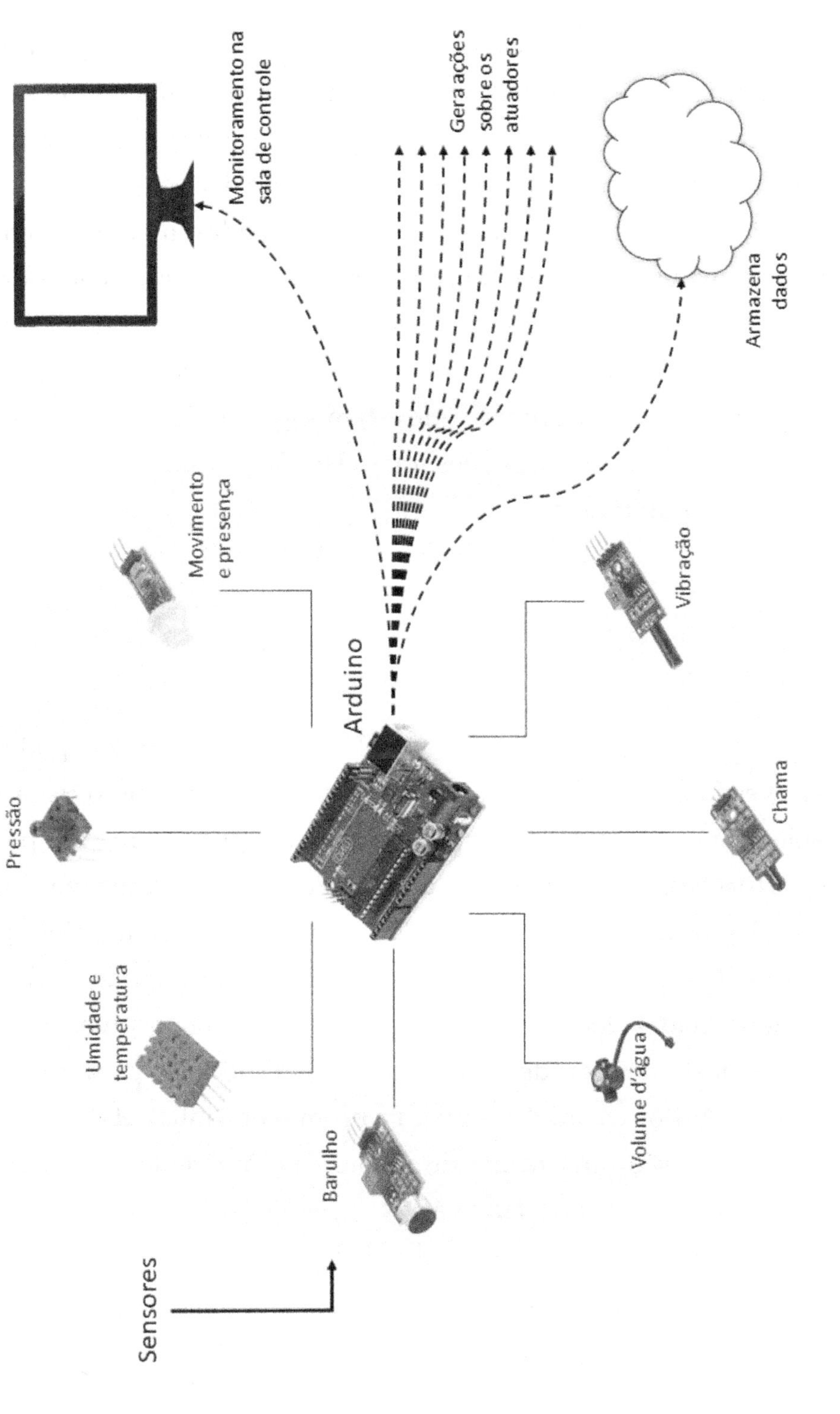
Sensores
Barulho
Umidade e temperatura
Pressão
Movimento e presença
Arduino
Vibração
Chama
Volume d'água
Monitoramento na sala de controle
Gera ações sobre os atuadores
Armazena dados

O exercício que convido o leitor a fazer, a partir de tudo que leu até então, é de analisar todos os conceitos e observar a aplicação conjuntamente, uma IOT que atua a partir ou gerando inteligência artificial, um dispositivo tomando decisões estratégicas a partir de uma série de possibilidades mapeadas, monitoramento de animais em uma fazenda, tomando precisas informações de movimentação e condições de saúde, a visão da rotina de um filho pequeno se locomovendo para a escola .... Enfim, podemos esperar boas coisas da transformação que estamos passando, e aprendendo a lidar com riscos e exposições, mas esperando que tudo evolua à serviço da humanidade.

Tecnologia Wearable, conceito, aplicação e visão sobre dispositivos que andam juntos com a gente

Wearable é o nome dado a tecnologias que podem ser "vestidas" (usadas), e a ideia é essa mesmo de que o usuário pode ficar com um wearable pelo tempo que quiser. Ora, mas para que serve isso? Já comentamos aqui ou apresentamos imagem com um relógio de pulso (ver figura 25), e na verdade se trata de um smartwatch (um relógio inteligente), que pode trazer funcionalidades locais, conectar-se a outros dispositivos e até mesmo fazer leitura de localização e indicadores de saúde do usuário. Muitos wearables ajudam a promover a internet das coisas e todos eles são uma forma de manter um ambiente tecnológico (conectado ou não). Há vários tipos de wearable e com funcionalidades que variam de dispositivo para dispositivos, vejamos alguns: relógios (smartwatch), anéis, pulseiras, óculos de realidade virtual, capacetes com lentes e realidade aumentada, luvas com bluetooth que funcionam como o "gancho" de um telefone, tênis que transmitem dados de corrida via bluetooth, mouses acoplados no dedo, mouses como luvas, crachás com memória para armazenamento de informações pessoais etc.

Figura 27: exemplo simples onde um wearable em paciente de hospital pode alarmar e gerar ações de profissional responsável.

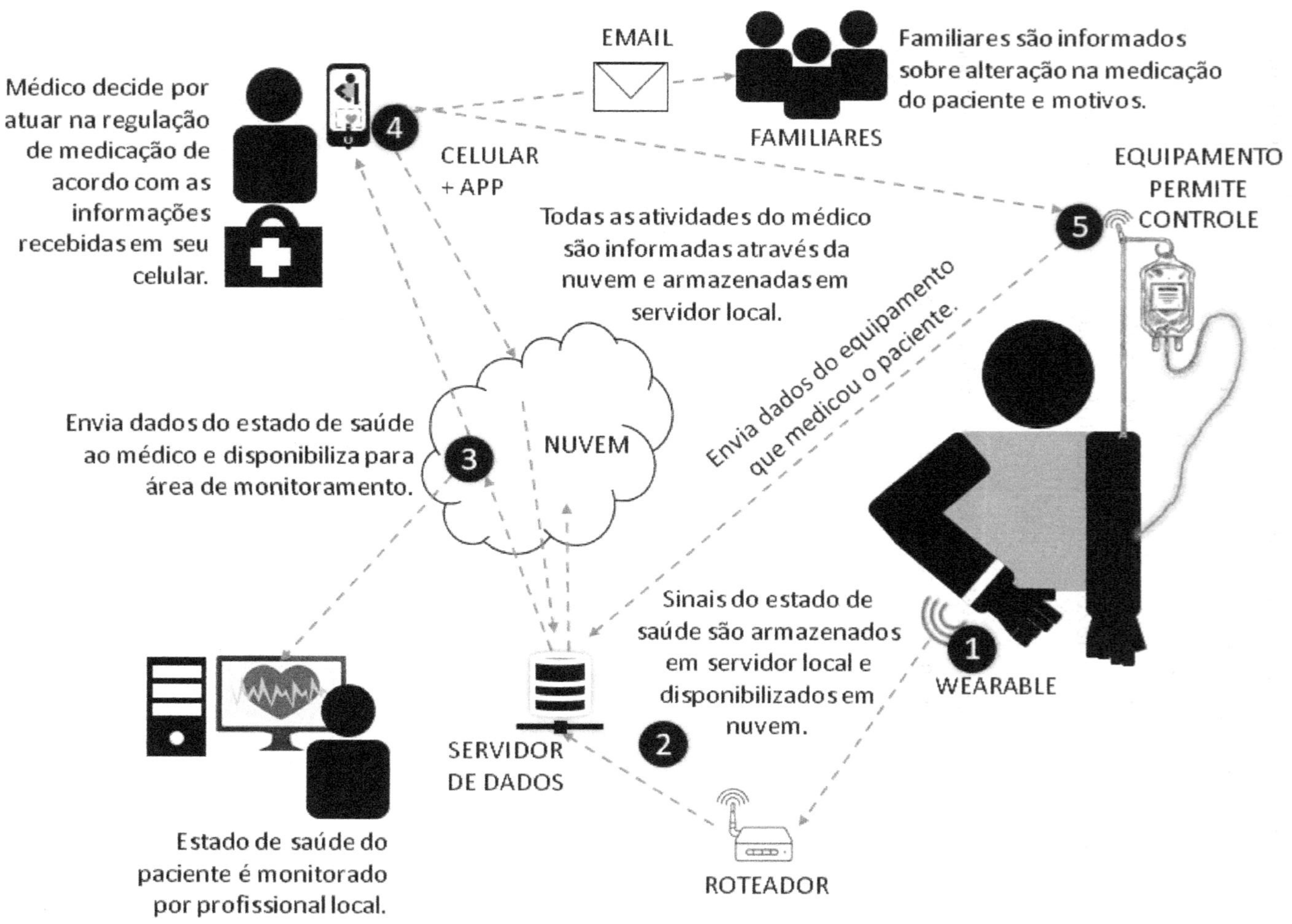
Médico decide por atuar na regulação de medicação de acordo com as informações recebidas em seu celular.
4
CELULAR + APP
EMAIL
FAMILIARES
Familiares são informados sobre alteração na medicação do paciente e motivos.
EQUIPAMENTO PERMITE CONTROLE
5
Todas as atividades do médico são informadas através da nuvem e armazenadas em servidor local.
Envia dados do equipamento que medicou o paciente.
Envia dados do estado de saúde ao médico e disponibiliza para área de monitoramento.
3
NUVEM
Sinais do estado de saúde são armazenados em servidor local e disponibilizados em nuvem.
1
WEARABLE
2
SERVIDOR DE DADOS
ROTEADOR
Estado de saúde do paciente é monitorado por profissional local.

Beacons, bluetooth 4.0 / 5.0 e possibilidades

Beacon é um transmissor de sinal bluetooth, um pequeno hardware energizado por uma bateria interna que é capaz de durar muito tempo emitindo sinais que geralmente pulsam no intervalo de um segundo. A tecnologia foi idealizada pela Apple (*iBeacon technology*) com a intenção de apresentar um dispositivo mais preciso para apoiar a geolocalização. Não tem ligação com satélite, nada disso, um beacon apenas emite o sinal para um aparelho que tenha compatibilidade com bluetooth 4.0 ou superior, e este aparelho é capaz de interpretar conteúdos programados e atrelados ao beacon. Imagine por exemplo que você está em uma loja e próximo à bancada de camisas polo, então um beacon posicionado (fixado) ali é capaz de enviar uma mensagem de promoção de camisas do mesmo tipo em determinado departamento, além do que você está. Agora imagine outra lógica em que o beacon esteja pendurado em um cordão ou crachá que você usa. Ao se aproximar de um aparelho com conexão bluetooth, você pode acusar a sua presença por ali, e com interpretação da força do sinal, ainda pode ser conhecida a sua distância. Isso é possível pelo avanço da tecnologia bluetooth, que antes tomava muita energia do aparelho, além de apresentar no passado uma conexão lenta para o volume de dados que se precisava compartilhar. Atualmente o bluetooth do celular só é acionado com o "pulsar" de algum dispositivo e pode estar sempre em prontidão que não vai gerar o consumo que se tinha antes. As figuras seguintes podem ser mais didáticas, vejamos:

Figura 28: exemplo de um projeto com beacons em alunos de uma escola, onde um dispositivo bluetooth é colocado no local de encontro dos alunos e pode assim monitorar os beacons e a distância que estão deste ponto.

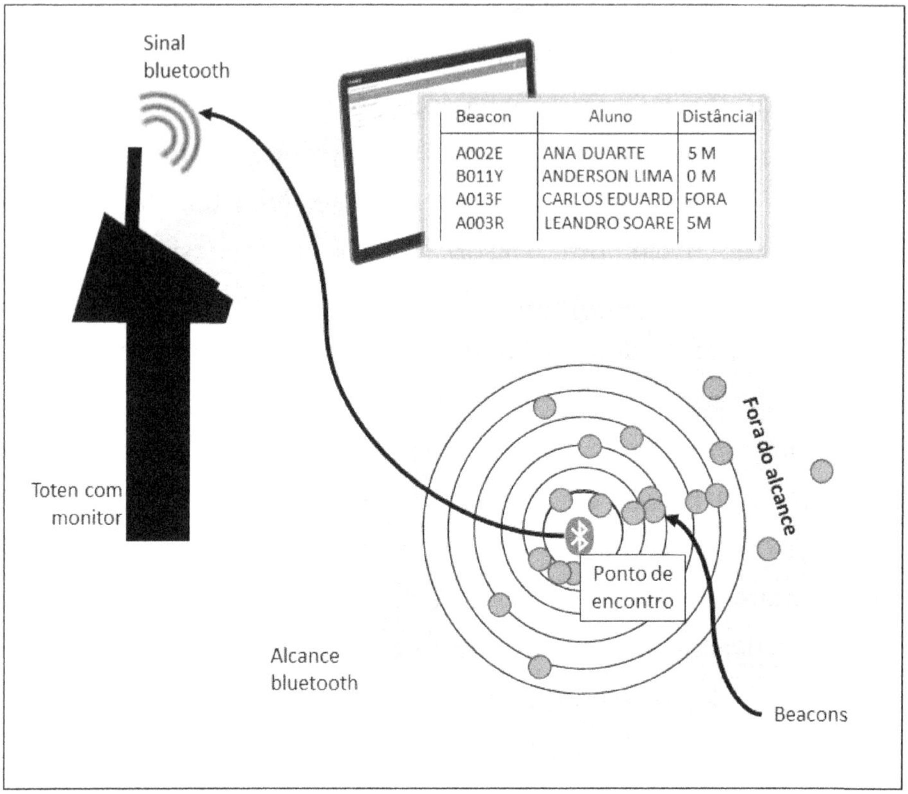

Os beacons podem também apoiar a internet das coisas, a IOT, quando usados em objetos. Imagine que alguém se aproxime de um extintor e este envie dados de vencimento ou data de recarga, não é fantástico? Beacon podem ser programados para avisar sobre locais em que o celular deve ficar no silencioso, podem ser explorados para se trabalhar a segurança de um local, para marketing e para orientação de uma pessoa. Vamos ver:

Figura 29: beacons posicionados em um estacionamento para orientar sobre as vagas especiais aos motoristas que têm o aplicativo de determinado shopping.

Sim, são extremamente úteis e se aplicam a infinitos projetos, a questão é que quando se trata de um projeto específico "indoor", dentro de um local privado como uma empresa, uma escola ou um clube, fica fácil conscientizar as pessoas sobre o uso do aparelho celular para orientações internas, mas quando falamos para o público diverso, a sociedade, não podemos considerar o beacon como uma ferramenta tão eficaz, entendendo que pode se apresentar como não tão democrática. Mas isso é questão de tempo, já que a transformação social é consequente e a popularização acaba por vir, acredito, e em alguns países há pessoas que colocam beacons em objetos para facilmente os encontrar através do celular, em coleira de cães etc.

TAGs e NFC

Quando falamos de tags, estamos falando sobre tecnologias que vieram ou evoluíram de conceitos simples, como uma etiqueta (a tradução admitida para o português) que antes tinha o código do produto que poderia ser utilizado para localizar mais facilmente em um catálogo impresso, mas que posteriormente era usado em sistemas de busca em ambiente de texto e programação em baixo nível, que com a popularização do microcomputador, logo adiante, poderia ser lido através de leitores de código de barras, mais a frente com memória, leitura por proximidade através de celulares entre outros dispositivos. Mas o que há por trás de uma tag? Ora, como foi dito, uma tag pode contar com diversas tecnologias, e pode ter funções complementadas pelo dispositivo que a lê, imaginando a ação de softwares (apps, inclusive). A empresa Sony chegou a comercializar tags padrão proprietário, as Smarttags, para serem utilizadas por aparelhos da linha Xperia. Eram etiquetas simples que um celular poderia ler por proximidade e assim executar uma tarefa definida. Imagina que ao se aproximar do quarto do bebê, pais queiram seus celulares em modo silencioso, isso dava para fazer com as tags da Sony, ao colocarmos a etiqueta na entrada do quarto. Essas etiquetas, usadas por muitos até hoje, fazem uso de tecnologia NFC (Near Field Communication ou Comunicação por Campo de Proximidade) que permite a troca segura de informações sem fio entre dispositivos compatíveis (capazes de ler e/ou escrever), isso quer dizer que logo em que os dispositivos são dispostos dentro do campo de proximidade, a comunicação é estabelecida automaticamente, sem necessidade de intervenção humana.

Figura 30: SmarTags da Sony que ainda podem ser encontradas em uso e à venda em algumas lojas.

(Fonte: site Amazon.com)

Atualmente é possível encontrar essa tecnologia em celulares e em objetos como crachás, cartões de metrô, pulseiras etc. A transmissão pode ser: a) passiva (quando apenas um dos dispositivos sofre ação e alimentação elétrica, como acontece quando aproximamos um celular de uma etiqueta em uma caixa); b) ativa (quando ambos geram sinal, como o uso de um celular para pagar a conta em um caixa receptor de créditos via NFC), read or write (leitura ou alteração dos dados presentes em um objeto com NFC, como é o caso do uso do cartão de metrô nas máquinas NFC ou por um celular para se ler o saldo); e por fim c) peer-to-peer (como ocorre quando dois equipamentos trocam informações entre si). Essa é uma tecnologia utilizada no mundo todo e mais ainda nos Estados Unidos para pagamento de contas, leitura de informações etc., e por esta razão, com alta utilidade nos EUA, particularmente acredito na sobrevivência por muito tempo ainda.

NFC e RFID

As diferenças entre essas tecnologias são simples, geralmente na forma de se desenhar uma solução, pois há grandes semelhanças por conta de trabalharem na mesma frequência (13,56 MHz), o que permite que um dispositivo NFC (Radio Frequency Identification ou Identificação por Radiofrequência) se comunique (leia) também com uma etiqueta RFID passiva de alta frequência. A velocidade que ocorre a transferência de informações pode parecer baixa, mas para a proposta e o volume que é trafegado, uma transação ocorre em piscar de olhos, usando velocidades que variam entre 106 kbps, 212 kbps ou 424kbps. Só para se ter uma ideia, uma conexão de Internet pode ser de 50, 100 Mbps, mas para trafegar uma massa muito mais "densa" de dados, claro, e assim não serve de comparação. Mas então, no que se diferem? Basicamente, a diferença é na aplicabilidade, está na solução como eu comentei, e isso por um detalhe simples: RFID trafega em apenas um sentido, lendo por exemplo o conteúdo de uma etiqueta e podendo ser usado em soluções que estejam dentro deste paradigma (contar quantos produtos etiquetados, dizer se passaram ou não pela esteira, gerando ações que são complementadas por softwares, claro, mas sempre no sentido de informar o identificador). Por outro lado, o NFC permite maior riqueza como dito antes, lê informações estruturadas e até diretas, oriundas de uma memória, e escreve ou altera valores contidos nela. Com essa alteração de paradigma, a aplicação é mais vasta, podendo apresentar informações sobre um portador de um crachá. A figura abaixo apresenta duas soluções de mesmo propósito e a forma que poderiam atuar em NFC e RFID caso houvesse incremento de hardware e exploração de software. Vejamos:

Figura 31: dois cenários de leitura de etiqueta colada em caixa de biscoito em um determinado depósito. O fiscal verifica a validade e dos produtos.

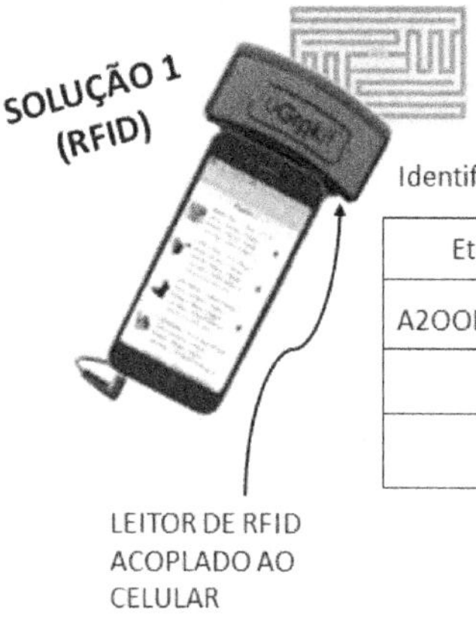

Identificada a etiqueta: A2OOBRE421

Etiqueta	Produto	Validade
A2OOBRE421	Biscoito Reche	maio/2019

Campos apresentados pelo sistema (app) no celular com base nas informações programadas na saída das caixas para distribuição. Ao ler o RFID, o sistema busca as informações sobre a caixa com etiqueta.

Identificada a etiqueta: A2OOBRE421

Etiqueta	Produto	Validade	Consulta	Quem consultou
A2OOBRE421	Biscoito Rech	maio/2019	dez/2019	Eduardo Ferreira
A2OOBRE421	Biscoito Rech	maio/2019	jan/2019	Tereza Silveira
A2OOBRE421	Biscoito Rech	maio/2019	fev/2019	Camille Soares

Campos apresentados pelo sistema (app) no celular e campos preenchidos com informações presentes na memória da etiqueta ao ser consultada por equipamento.

Há rastreabilidade no segundo cenário e um fiscal poderia ser responsabilizado por não ter tomado nenhuma ação próximo ao vencimento, mas há também mais custo em etiquetas NFC e há ainda uma questão que poderia ser ajustada por software, entendendo que o fiscal ao consultar iria usar um login no app do celular e incrementaria a data da consulta e o seu nome. A questão é que, independente de um sistema online, a etiqueta de NFC apresenta informações consultáveis que têm maior independência de um sistema e sua base. A aplicação pode ter sensível diferença que pode estar na criatividade do desenvolvedor da solução ou no "case" específico. Em um lugar sem possibilidade de consulta online, sem conexão (rede própria ou nuvem), o ideal é que as etiquetas sejam lidas sem dependência de uma base de dados, por exemplo.

Código de Barras, QRCode e Datamatrix

O código de barras foi criado ainda na década de 1950, é muito antigo, e vem sendo aplicado com grande sucesso nos produtos de prateleira. As barras carregam instruções objetivas e apoiam o trabalho em sistemas de consulta e de cálculo de volume de compras. A atuação é semelhante ao RFID, só que é barato, pode ser impresso e exige um leitor extremamente simples e de baixo custo para os dias de hoje. Todos nós já sabemos exatamente como funciona na prática, claro, pois quando somos atendidos ou mesmo quando consultamos um preço através de um terminal de consulta, encostamos o código sob a luz e em pouco tempo temos a informação que precisamos, correto? Sim! Isso é possível porque um terminal está pronto e em looping procurando por um produto, e quando encostamos, ele já executa a consulta em uma base de produtos e apresenta na telinha do terminal o resultado do campo "preço", simples, não? E é essa simplicidade que mantem forte o código de barras, pois os produtos já chegam etiquetados e o comércio conta com um código único para o produto naquele país ou região. O código inteiro é o código do produto, mas a numeração tem uma organização que embute informações mais detalhadas. Vejamos na figura 32, como está organizado o código de barras em um produto do mercado:

Figura 32: detalhes sobre o produto em uma numeração de código de barras.

Mesmo sendo uma tecnologia bem antiga, especialmente ao vermos tantas coisas acontecerem da criação do código de barras até aqui, os equipamentos foram se modernizando e os softwares também. Como o código de barras é um código único para um produto onde é comercializado, podemos chamar este código de informação chave, presente em um campo chave-primária (termo de TI), mas que não irá se repetir, e a partir daí, um software pode explorar dados que estão tanto na base própria de movimentação do estabelecimento, como buscando informações diversas na Web, num lago de dados (data lake).

Figura 33: equipamentos leitores de código de barras presentes em estabelecimentos e a modernização deles, mas mantendo a etiqueta padrão.

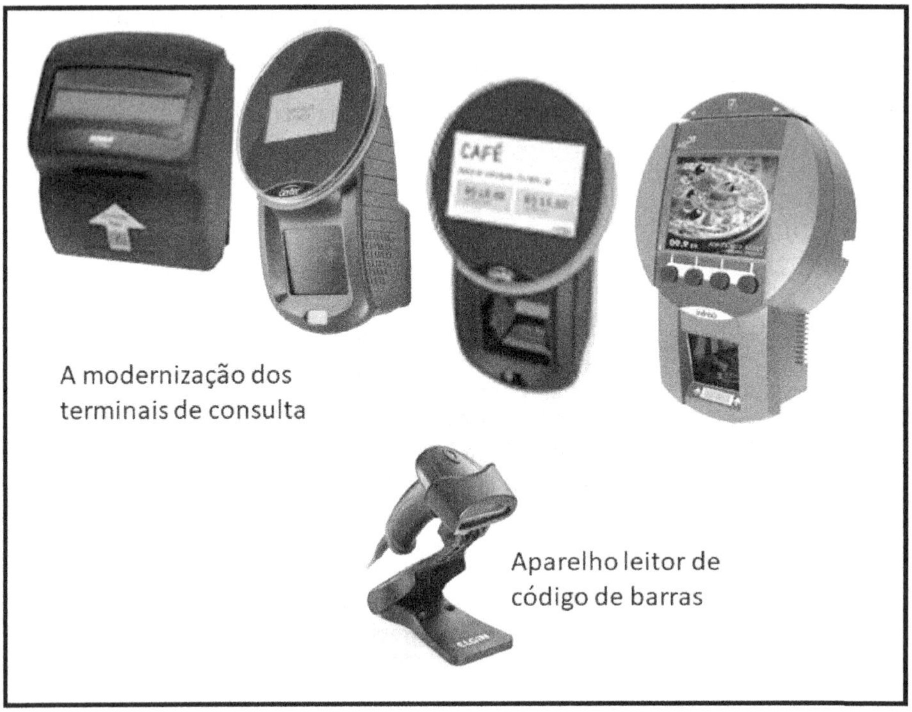

Etiquetas de código de barras, estampas em embalagens e o código de barras presente em boletos bancários estão muito entranhados em nossa cultura, e ainda não há nada tão prático e barato no mercado. Com um código de barras fica garantido um número único, como já foi dito, e as possibilidades de desenvolvimento e exploração disso são incomensuráveis, inimagináveis! Vou citar a seguinte situação com um produto está na prateleira à espera de ser comprado: este produto pode ser consultado no terminal da loja, onde tenho informações como preço e o que o estabelecimento dispuser; mas eu gostaria de saber o que as pessoas acham desse produto nas redes sociais; gostaria também de achar outros similares; gostaria de saber o preço dele em outros estabelecimentos na web e em lojas físicas; gostaria de ver também vídeos apresentando o uso e praticidade; gostaria de consultar notícias em jornais sobre o produto; e também queria ver as reclamações em site especializado em reclamação. São perguntas simples, mas com respostas que recorrem a recursos mais complexos, certo? Errado, está tudo à mão através de um dispositivo com acesso à Internet, pois os terminais nas lojas geralmente não têm como proposta a apresentação de outras informações menos objetivas que "Produto e preço". Estou chamando a sua atenção, prezado leitor, para que se sensibilize com a tecnologia e o atendimento à demanda, como comentei no capítulo "Como realizar transformação digital evitando modinhas e desejos tecnológicos", pois para tudo deve haver escalabilidade, viabilidade econômica entre outras vantagens que demandem a "evolução" digital, e o verbo é sempre esse: demandar.

Figura 34: consulta feita por um celular conectado à Internet, fazendo uso do código de barras de determinado produto.

O QRCode também é uma codificação, mas é muitas vezes visto como uma evolução do código de barras, isso porque carrega maior complexidade de informação nele (podendo armazenar até 7089 caracteres numéricos e 4296 alfanuméricos), levando por exemplo a uma URL, o que deixa a sua utilidade ilimitada, possibilitando chamar aplicações web ou informações independentes de app de celular. O QRCode se trata de uma codificação bidimensional, e portanto mais complexa que o código de barras, podendo ser lido na vertical ou horizontal, e tem sido oportuno o seu uso para atuar em outras etapas da logística de determinado produto, por isso é tão comum uma mesma tag ter ambos, o código de barras e o QRCode. O QRCode é bidimensional, já disse, e visualmente é bem diferente do Código de Barras, que foi construído em apenas uma dimensão, mas o que as pessoas geralmente confundem mesmo é o Datamatrix com o QRCode, e o Datamatrix sim, é uma evolução do código de barras (1D para 2D). A próxima figura apresenta a sutil diferença visual entre os códigos Datamatrix e QRCode, mas o que é preciso saber é que um código de barras tradicional em 1D é lido por um aparelho comum, e apesar do Datamatrix ser a evolução do 1D, tem maior poder de armazenamento de informações mas precisa de um leitor baseado em câmera, assim como o QRCode, e já que o Datamatrix requer uma câmera, pode ser melhor utilizar um QRCode. A vantagem mesmo é que o código Datamatrix pode ser lido com até 30% de danos (ranhuras, chuva etc)... Tudo deve ser cuidadosamente analisado ao se desenvolver uma solução.

Figura 35: Datamatrix x QRCode.

Datamatrix Code

QR Code

A união de várias tecnologias em uma etiqueta (uma tag) é muito bem-vinda, como por exemplo ter um código de barras ao lado de um QRCode, e no interior da etiqueta termos uma informação que pode ser lida por NFC ou um simples código em RFID. São tecnologias que não se conflitam e podem se complementar no universo de possibilidades que cerca determinado produto embalado (que produto é, quanto custa, visão detalhada do fabricante, suporte do distribuidor, visão do caminho que o produto passou etc.).

Figura 36: TAG com Código de Barras, QR Code e NFC.

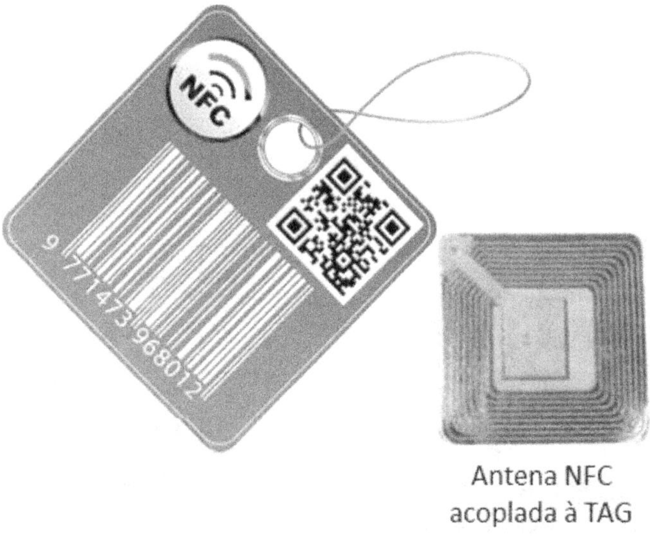

NFC E Bluetooth (BLE)

As duas conexões permitem uma série de soluções, mas a primeira diferença entre elas é que o NFC precisa de uma proximidade de no máximo 10cm para trocar informações, enquanto bluetooth pode chegar atualmente a 100m. Isso ainda não dá necessariamente uma vantagem de um para outro, mas a concentração da solução, já que as soluções que se pensa utilizando NFC devem ser soluções de muita proximidade, para operações que exijam ações ao lado de onde acontece a transação (cartão de metrô, consulta a um produto de uma prateleira etc.). Um outro ponto pode ser ou não vantagem, como a diferença apresentada anteriormente, pois se trata da velocidade de troca dos dados. Enquanto o NFC pode trafegar em até 424kbps, bluetooth pode trafegar em velocidades superiores a 20mbps. Outra característica que dá certa vantagem ao NFC é com relação ao consumo de energia, por ser inferior em alguns casos, e isso demandaria infraestrutura mais simples, menos bateria etc, mas o que acontece é que se um equipamento NFC tem que alimentar uma etiqueta passiva, a coisa muda, e certamente irá consumir mais que o bluetooth, que no conceito BLE (bluetooth low energy) só consome ao ser acionado. Uma vantagem que particularmente identifico é que qualquer celular hoje no mercado tem tecnologia bluetooth 4.0 (ou superior), mas nem todos têm NFC, e raciocinar solução nos dias de hoje sem celular... Bom, como vimos até aqui, todos em área relacionada a tecnologias devem pensar em soluções adequadas ao projeto, com responsabilidade sobre custos e impactos na natureza.

PDAs (Personal Digital Assistant)

PDAs são pequenos computadores de mão classificados como handheld (portátil), e têm funções diferentes dos celulares por serem mais focadas em atividades de trabalho, alguns podem ser capazes de ler todos os sistemas de código impresso (barras, QRCode...), NFC, RFid, Bluetooth e até permitirem passar cartões bancários, imprimir através de impressora térmica etc. Outros PDAs acumulam ainda mais funções, funcionam como um misto de computador e scanner, permitindo observar ambientes com a aplicação de simuladores de realidade aumentada.

Figura 37: PDAs com Bluetooth, Wifi, sistema Android, impressora térmica embutida e scanner de códigos impressos.

(Fonte: site AliExpress.com)

REALIDADE VIRTUAL (VR), REALIDADE AUMENTADA, REALIDADE MISTA, DIGITAL TWIN, HOLOGRAMA E FRUTOS DO CONCEITO 3D

Realidade Virtual, Realidade Aumentada e Realidade Mista

Quando se ouve falar em realidade virtual, a maioria das pessoas se mantêm distante do assunto, acreditando que se trata de algo futurístico e real apenas para os filmes de ficção, mas não se trata de nada disso, pois vivemos um momento com bastante presença da realidade virtual apresentando algum benefício para o indivíduo. Mas primeiramente, vamos entender conceitualmente o que é realidade virtual? Ok, o conceito que mais me simpatizo é de um cenário digital que promove a visão e audição (pode contemplar o tato udando simuladores wearables no corpo) através de um sistema computacional, causando a sensação de que aquilo está de fato acontecendo. Interessante? Sim, bastante, e isso hoje é promovido com uso de equipamentos de visualização e programas desenhados especificamente com esta finalidade. As aplicações podem ser diversas, tanto para entreter (simulando descida de montanha russa, aventuras na selva, mergulhos no fundo do mar etc), quanto para trabalhos dedicados a treinamentos que exigem visão mais empírica. Imagine que é necessário apresentar determinado campo industrial a um grupo de alunos, mas sem que seja necessário levar cada um deles ao local. Imagine ainda, caro leitor, apresentar uma área que oferece riscos, calor extremo e barulho acima do normal, mas sem oferecer riscos à segurança de um profissional novato, não é ótimo?

Figura 38: através de celular inserido em óculos VR (virtual reality), e vídeo próprio de realidade virtual, a visão de uma cela de prisão em 360 graus.

Um outro termo muito falado atualmente é a realidade aumentada, e já comentamos neste livro oportunamente, mas podemos falar um pouco mais na aplicação, como a simulação de um equipamento em um ambiente real para se perceber a dimensão de maneira mais próxima da realidade, ou até mesmo a simulação da chegada de ambulâncias com a saída de macas numa área de emergência... Há muito o que se explorar deste conceito, inclusive em entretenimento e diversão, e podemos aguardar boas coisas. Recentemente vi uma empresa de design de interiores apresentar uma infinidade de objetos de fácil inserção em um ambiente, a fim de oferecer aos clientes antes de decidirem pela fabricação e compra. Então se uma pessoa não gostou do sofá ou da disposição dele no local, tudo pode ser alterado até que o cliente se identifique com o projeto e autorize a execução, criação, fabricação, instalação etc. Convido o leitor a viajar pelas possibilidades, como escolher a posição da garagem de sua casa nova que ainda será construída, podendo também inserir o próprio carro como um objeto da realidade aumentada, ou ainda decidir pela posição de um hidrante na calçada, observando se cairia bem e seria útil e seguro ali... Outra ideia útil que me vem à cabeça seria a de um caminho virtual visto com óculos ou na tela do celular, mas que projete o caminho que se deve andar com segurança. A próxima imagem apresenta uma rua com pavimentação irregular, sem sinalização, sem ciclovia e com calçada com entulhos etc. A rua pode sofrer obras, claro, mas seria muito melhor que tudo fosse simulado antes e com adoção de camadas de realidade aumentada, não é mesmo? A próxima figura apresenta uma proposta bem diferente, vejamos:

Figura 39: propostas de realidade aumentada.

CENÁRIO REAL

SIMULAÇÃO DAS DIVISÕES DE PISTA E VEÍCULO

VISÃO DA FAIXA DE PEDESTRE E REFORMA DO CALÇAMENTO

PROJETO MAIS CARO COM INCLUSÃO DE MURO E ASFALTO

Alguém poderia alegar que o último cenário da figura se refere a um caso de realidade virtual, mas não é, são elementos adicionados a um cenário real por sobreposição. Os elementos podem ser reais, como o próprio carro inserido, mas podem também ser um objeto desenhado em um computador, um vetor (uma mesa, um quadro, uma bicicleta...) mas não pertencem ao cenário. Na realidade virtual teríamos um ambiente dimensionado e computacional para um usuário participar do local com recursos de áudio e/ou vídeo. Tudo bem que de tantos objetos, um novo cenário é apresentado, mas o núcleo do ambiente é mantido e apenas apresentados elementos que dão nova característica ao local. De vez em quando é possível se confundir, vejo isso sempre acontecer no dia-a-dia, e no futuro a tendência é haver uma espécie de fusão conceitual, adotando simplesmente o nome já existente de realidade mista (MR, ou mixed reality). Neste caso as duas tecnologias coexistem em um cenário, e muitos podem alegar que a última imagem da figura anterior se trata de realidade mista, e até seria aceitável se o cenário fosse criado primeiro e como condição prioritária do projeto, e os elementos as condições a serem negociadas, mas imagine um cenário desenvolvido através de realidade virtual, imagine um parque que ainda não foi construído e lá tem toda a planta digital pronta para receber a "visitação" de um usuário do mundo real e este usuário poderá inserir automóveis e pessoas, filas, bichos e toda a movimentação que um parque deve receber, para que assim a parte interessada possa ter uma ideia mais próxima da realidade. A busca quase sempre é por uma visão empírica, caro leitor, e a transformação digital se exercita para que o desenvolvimento da prática seja sem riscos a trabalhadores, sem danos ambientais e sem custos mais elevados de projeto. A imagem seguinte é a mesma imagem que representava um exemplo de realidade virtual, mas foi adicionado à cela, um armário através de realidade aumentada. Vejamos:

Figura 40: cenário composto de realidade mista, com virtualização do ambiente (uma cela) e inserção de elemento não pertencente (armário).

Digital Twin, visões tridimensionais e hologramas

Digital twin é uma réplica digital de um elemento do mundo real que tenha as mesmas funcionalidades e respeito a paradigmas reais, como desgaste, dilatação por condições de temperatura e pressão e influências do local onde está inserido na sua aplicação (areia, poeira, água, altitude e muitas outras variáveis). Uma fábrica tem o desenho de todas as peças na forma tridimensional e fabrica cada um dos componentes de uma máquina com medidas fiéis aos desenhos digitais, isso não é uma novidade, mas no conceito de digital twin, essas peças são montadas em uma réplica digital, tal como se monta uma unidade física fabricada, e assim a peça pode ser colocada em funcionamento no mundo virtual para se observar as questões de desgaste e para ajudar na manutenção de equipamentos presentes no mundo real. Esses equipamentos podem ser desde simples máquinas mecânicas a gigantescos navios em toda a sua composição. É mais que uma revolução laboratorial e de inspeção, mas um salto que pode eliminar os riscos de acidentes das pessoas em inspeções muito dificultosas de um equipamento, além de poupar dinheiro e impactos ambientais de toda uma logística que pode estar atrelada.

Figura 41: aplicação do digital twin em fabricação de aeronave.

(Fonte: site engineering.com)

E a tecnologia de digital twin não se resume a objetos, pois toda uma planta pode ter a sua réplica digital em pleno funcionamento, informando ao observador sobre pontos de pico a partir de informações reais diretamente da catraca de acesso às áreas e departamentos, pode dizer sobre a emissão de gases e evitar uma série de contratempos ou se preparar para lidar com acontecimentos do futuro. Você, leitor, pode imaginar uma réplica de um condomínio que tenha cercas virtuais que observam o tráfego de pessoas e qualquer outra movimentação e tudo ser transportado para a tela de um computador, que consegue saber o que acontece, o que alertar e quais as cancelas a serem fechadas para aguardar qualquer manobra. É um mundo de possibilidades e os conceitos de transformação digital estão aí para atuarem conjuntamente, com aplicação da inteligência em prol de uma precisão sobre-humana. Dá para imaginarmos, por exemplo, um ambiente de manutenção virtualizado, decorado com tudo o que se parece com uma oficina, inserirmos um motor que não pertence ao ambiente virtual (realidade aumentada) e este motor ser uma réplica digital fiel de um motor em funcionamento (digital twin), mas com o uso de câmeras de altíssima resolução (8K), um software de inteligência artificial traduz os movimentos capturados das válvulas, correias, engrenagens etc., e de acordo com um padrão comparativo de bom funcionamento, instrui e reproduz a questão ao mecânico que observa e atua na troca através de robótica.... Que viagem, não? Pois já temos tudo o que precisamos para esta realidade, basta ser viável. Mas é oportuno lembrar o leitor de que digital twin é um conceito possível graças à evolução dos trabalhos em três dimensões, que já se conhece em desenhos manuais, o modo analógico de se fazer as coisas, e foram digitalizados para trabalhos em softwares como AutoCAD. Posteriormente, desses modelos nasceram as impressoras 3D. Sim, as impressoras 3D são uma invenção de útil aplicação, e podemos encontrar brinquedos, ferramentas, utensílios domésticos, próteses humanas etc.

Figura 42: algumas possibilidades com impressão 3D.

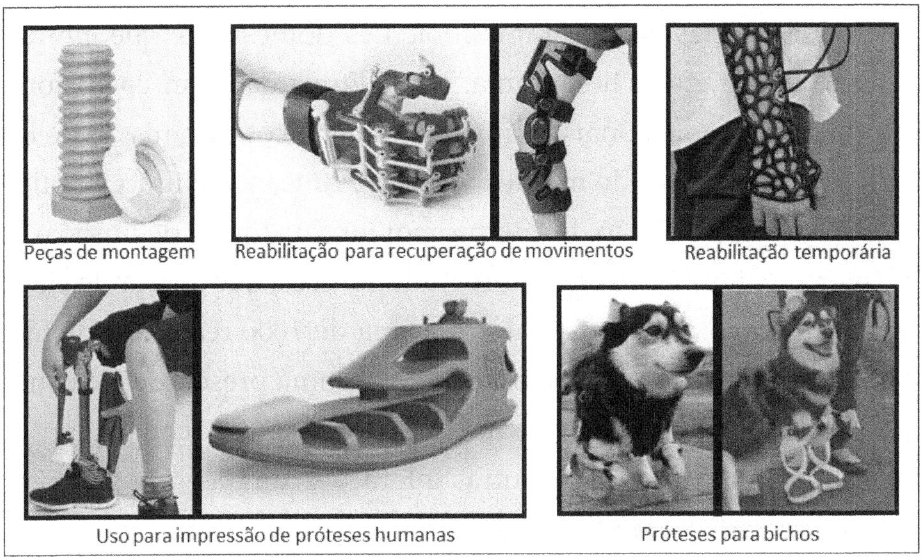

Holograma é um conceito mais antigo que digital twin, e um passo poderoso para que se alcançasse isso. Os hologramas, assim como os objetos virtuais de digital twin, são uma réplica de algo presente no mundo real, inclusive pessoas, mas um holograma explora o aspecto superficial dos objetos, enquanto o digital twin vai profundamente em cada composição de um equipamento. Algumas pessoas entendem que holograma é a réplica ou clone de um objeto do mundo real no mundo real, e o digital twin precisa de equipamentos para ser visualizado. Seria como eu conseguir ver o holograma de uma caixa de papelão na minha frente, através de equipamento capaz de desenhar através de emissão de luzes em campo limitado e luz ao redor controlada. Já era possível ver em jogos de videogame, no cinema e até desenhos animados, o que tornou o termo mais popular que o digital Twin, mas isso é questão de tempo. Há alguns aparelhos que enfeitam vitrines ou decoram ambientes domésticos, que emitem luzes e dão o efeito holograma, mas alguns não têm como fonte produtos computacionais, e sim jogos analógicos de emissão de luz que passam através de moldes verticais, causando ilusão de ótica, mas os hologramas são de fato promovidos na forma de ilusão e há no mercado também os projetores holográficos, que apesar de ainda estarem pouco acessíveis, valores acima de 1000 reais, são de fácil uso. A questão é que a proposta de holograma presente no cinema, projetando painéis sensíveis ao toque do usuário, com menu de opções para navegar entre outras interações, ainda é um sonho ou projeto secreto. Vamos aguardar.

Figura 43: duas formas de projeção de holograma: solução caseira usando app no celular (possível achar o molde para compra) e projetor de mercado.

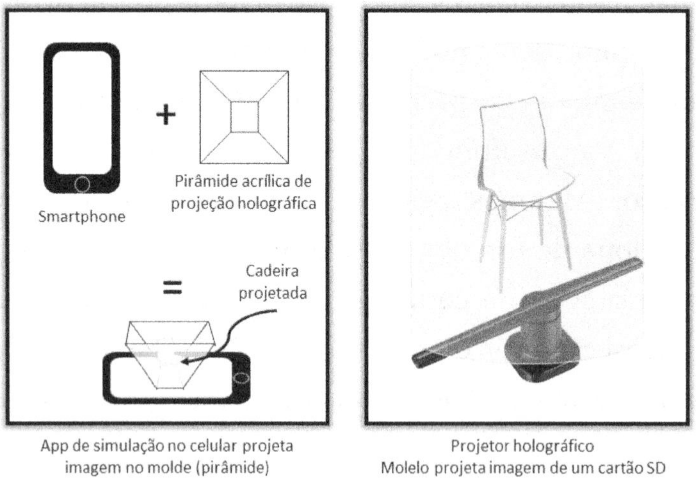

DESIGN THINKING, SCRUM E KANBAN, COMO ESSAS TÉCNICAS PODEM AJUDAR?

Modinhas a parte, mas vamos entrar em um campo de tendência num mundo de informações constantes e que pode por algum momento desconsiderar a pessoa humana no processo. Design thinking exercita e leva a sério os esforços em se buscar empatia ao se tratar um problema, colocando as pessoas como o ponto mais importante no desenvolvimento de uma solução, aplicando características humanas como criatividade para o desdobramento das ideias e a razão para que se adapte essas ideias ao contexto de determinada dor identificada. O design thinking procura conhecer a cultura, a intertextualidade e a vivência das pessoas, com a intenção de ampliar a visão para que se consiga identificar o que ancora o indivíduo (e assim o trabalho) e apresentar alternativas de superação. E tudo isso através da apresentação de um novo prisma para dores mais complicadas e incomuns, considerando os valores das pessoas envolvidas e permitindo que se percebam como parte integrante e central no projeto, gerando frutos que elas têm maior inclinação e expectativa de realização, e ao mesmo tempo (daí a aplicação da razão) que tenham viabilidade econômica e sejam realizáveis sob o ponto de vista tecnológico. Em geral, pode-se conceber o design thinking como uma metodologia prática e criativa para se aliviar ou resolver as dores apresentadas e das causas não se sabe tanto ou quase nada.

Figura 44: o processo de design thinking de maneira geral, até se chegar na solução para o problema apresentado inicialmente na fase 1 do processo.

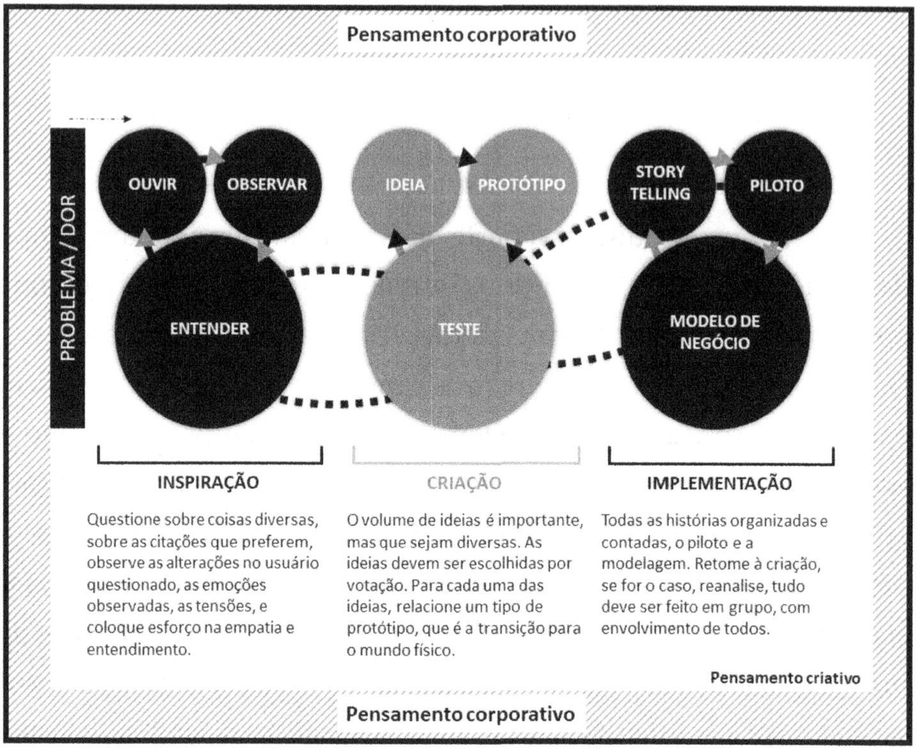

A intenção, obviamente, não é ensinar o leitor a fazer uso das ferramentas, mas a compreender cada uma das tecnologias e metodologias contemporâneas, e desta forma, apresento o design thinking como um método de sucesso em empresas de expressão mundial, que se iniciou ao redor do profissional de design, mas não está presa a ele, podendo ser aplicado aos mais diversos problemas identificados. Apesar de estar disposto sob a forma vetorizada, o design thinking não é uma fórmula que se entrega fases, pois como é possível observar na figura anterior, as etapas orientadoras, e assim devem ser chamadas, estão ligadas a fim de apresentar um único trabalho coeso e coerente. Outro aspecto da imagem que pode ser destacado, é que o pensamento criativo é um amplo espaço dentro do pensamento corporativo, mas atenção, isso não significa que o pensamento corporativo esteja imune a mudanças do pensamento criativo, uma vez que ações oriundas de ideias podem convencer gestores com maior poder de decisão, por exemplo, e permitir a realização de inovações importantes para amenizar ou resolver a dor em questão. No design thinking, o foco é nas pessoas e elas devem ser observadas com mais empatia, as demandas são estimuladoras de experiências em equipe, todo o conjunto de pessoas está orientado a chegar em protótipos e testes, e a resolução final está na filosofia de se inovar e não inventar coisas não realizáveis ou de caminhos muito pouco objetivos. A abordagem do design thinking é na linha de romper visões conservadoras sobre inovação, apresentar semânticas sensivelmente diferentes e colocar em prática a inovação, e essas semânticas envolvem a participação das pessoas como a inspiração e a fonte de frutos (as ideias, a empatia, as vontades etc), e não se trata necessariamente de apresentar algo que nunca existiu, mas de aplicar uma visão (materializada em ideia) que ainda não tinha experimento para solucionar o problema em pauta. O ponto de partida desta metodologia, como se observa na figura apresentada anteriormente, é conseguir se comunicar com a capacidade de ouvir, observar e entender, progredindo com o exercício da empatia, a fim de encontrar um caminho que contemple o desejo humano, o foco do negócio e a viabilidade técnica. Em meio a tantas discussões sobre as ameaças da transformação digital à presença humana nas atividades profissionais, o design thinking reafirma a importância humana, sobretudo a importância da personalidade humana na formação de ideias e soluções.

Scrum

Scrum é uma metodologia ágil para planejar e gerir projetos de desenvolvimento de aplicações. No Scrum, os projetos são divididos em ciclos denominados *Sprints,* e cada sprint (que geralmente ocorre entre 2 a 4 semanas) representa um "time box", uma caixa que contém uma porção de atividades a serem executadas para determinado tempo. As funcionalidades que foram documentadas sobre a aplicação (o software) estão em uma lista que é chamada de *backlog* de produto (product backlog). Para o planejamento de cada sprint há uma reunião (*sprint planning meeting*), e é nesta reunião que o "dono do produto" (product owner ou somente PO) define quais as funcionalidades documentadas no backlog são mais prioritárias e a equipe observa as atividades que devem ser inseridas no sprint backlog. Todos os dias a equipe faz breves reuniões denominadas *Daily Scrum* e o objetivo é dialogar sobre as experiências do dia anterior, apontar barreiras e eleger o trabalho daquele novo dia. Quando um Sprint é finalizado, a equipe apresenta as funcionalidades já implementadas, e isso acontece em uma reunião denominada *Sprint Review Meeting.* Ao final há uma retrospectiva, *Sprint Retrospective,* e depois o planejamento do sprint posterior, em novo ciclo.

Figura 45: visão geral do processo de Scrum.

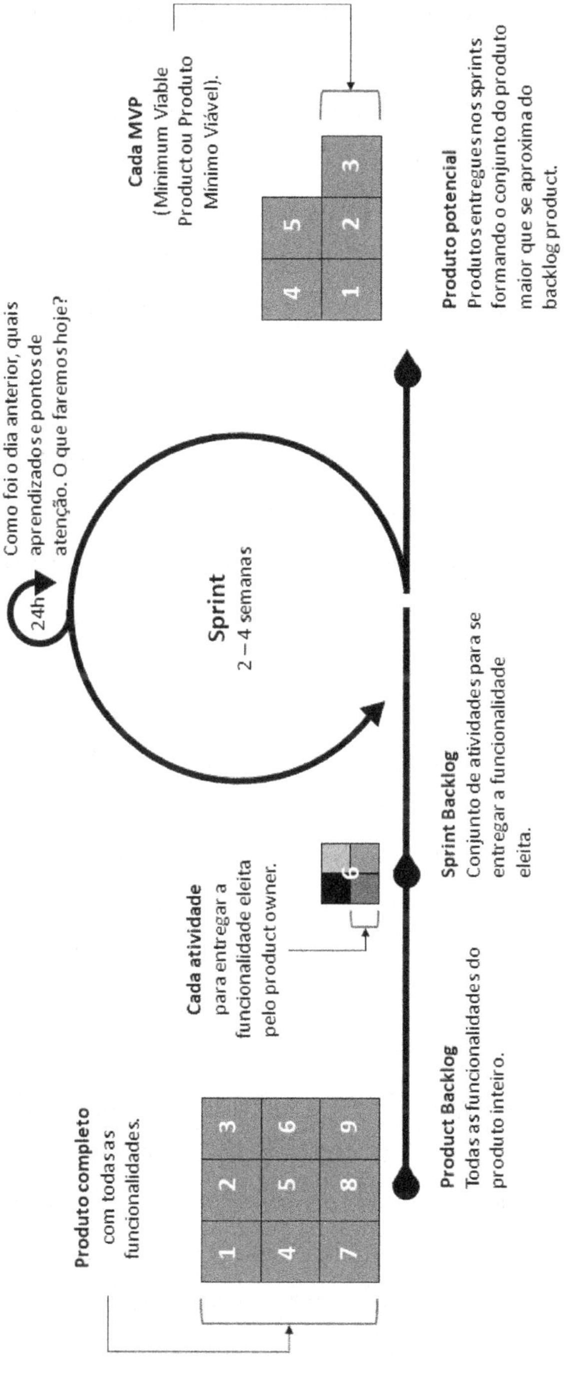

Desenvolver aplicações, programas de computador, foi se tornando cada vez mais complexo, porque muitas atividades do dia-a-dia de um escritório estavam tomando forma digital e incrementando novas funcionalidades aos programas. Esse crescimento era assustador, eu mesmo vivi isso, e então ou nós desenvolvedores imaginávamos um bloco gigante de anotações, uma parede imensa, um cérebro bem acima dos padrões humanos para organizar tudo, uma secretária fora do normal etc., ou a gente partia mesmo para uma nova metodologia. Com observação a este drama, vieram as metodologias ágeis, mais humanizadas e se organizando dentro da expectativa do cliente. Para se ter uma ideia, uma aplicação era pensada e documentada em todas as suas funcionalidades quase que ao mesmo tempo, e a gente procurava desenvolver entregando um pouco de tudo. Isso era terrível e a gente nem mesmo percebia, mas muitas vezes voltávamos para o escritório com a missão de alterar todos os módulos (as funcionalidades) sem discussão em grupo e sem controle de rotina. A única rotina que tínhamos era a de nos sentarmos e trabalhar naquilo que estávamos com mais ânimo de fazer. Era assim, um tempo muito mais analógico, em que a tecnologia fazia parte de alguns momentos em casa e vários outros no trabalho, e não como hoje, com a tecnologia nos empurrando de um lado para o outro e nos fazendo perceber a humanidade dentro de um universo digital. Com o método Scrum, há não só a definição de uma equipe, mas a disciplina do tempo e das funcionalidades entregues, e tudo orquestrado pelo profissional que chamamos de *Scrum Master*. O Scrum Master está à serviço do que recebe do PO (*produto owner*). O PO está alinhado com o negócio, é a figura que conhece e dá as prioridades para a linha de scrum se organizar.

Kanban

Kanban é um sistema de origem japonesa orientado a cartões ou sinalizações, e a sua tradução original do Japão é exatamente essa: cartão. Foi utilizado pela primeira vez pela empresa Toyota em meados da década de 1960 na produção em série, e tem relação com o termo *Just in time* (no momento certo). A ideia principal era a redução de estoques e aumentar a agilidade da produção, dando uma visão impactante e objetiva ao profissional que está atento ao processo e aos demais públicos de interesse.

Figura 46: dois quadros Kanban com cartões (post-it) que permitem observar a simplicidade e a dinâmica de crescimento.

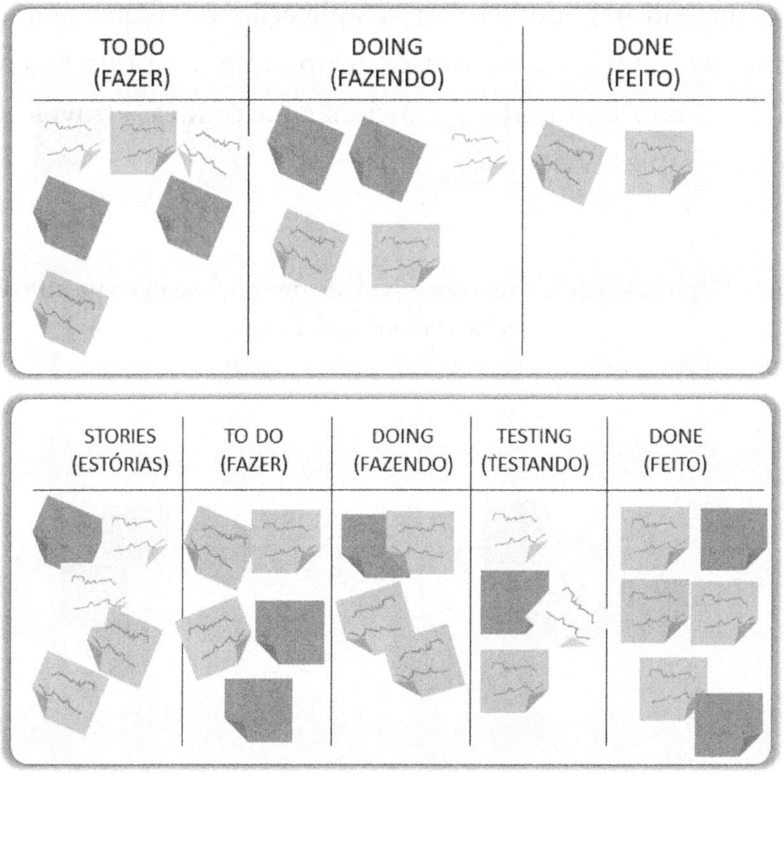

Scrum x Kanban

Primeiramente é importante dizer ao leitor que Kanban não se trata de uma metodologia ágil, mesmo que esteja sendo adotado no interior de uma Sprint de Scrum. E isso acontece porque Kanban é objetivo e didático, aberto e simples, o que remete a esse equívoco. Embora, como comentei, seja possível usar a técnica Kanban dentro de uma Sprint de Scrum, é também possível usar a metodologia Scrum dentro de um cartão numa fase da técnica Kanban. No primeiro caso, uma determinada atividade de determinada funcionalidade (Sprint) no Scrum pode ser acompanhada com maior divulgação que as demais, através de Kanban, e no segundo caso, uma entrega de Kanban na fase de *Doing* (fazendo) pode receber a aplicação da metodologia ágil Scrum. Ficou um pouco confuso? A próxima figura pode ajudar a entender como isso poderia funcionar na prática, através de um exemplo simples. Vejamos:

Figura 47: processo de Scrum com atividade de sprint sendo feita através da técnica japonesa Kanban.

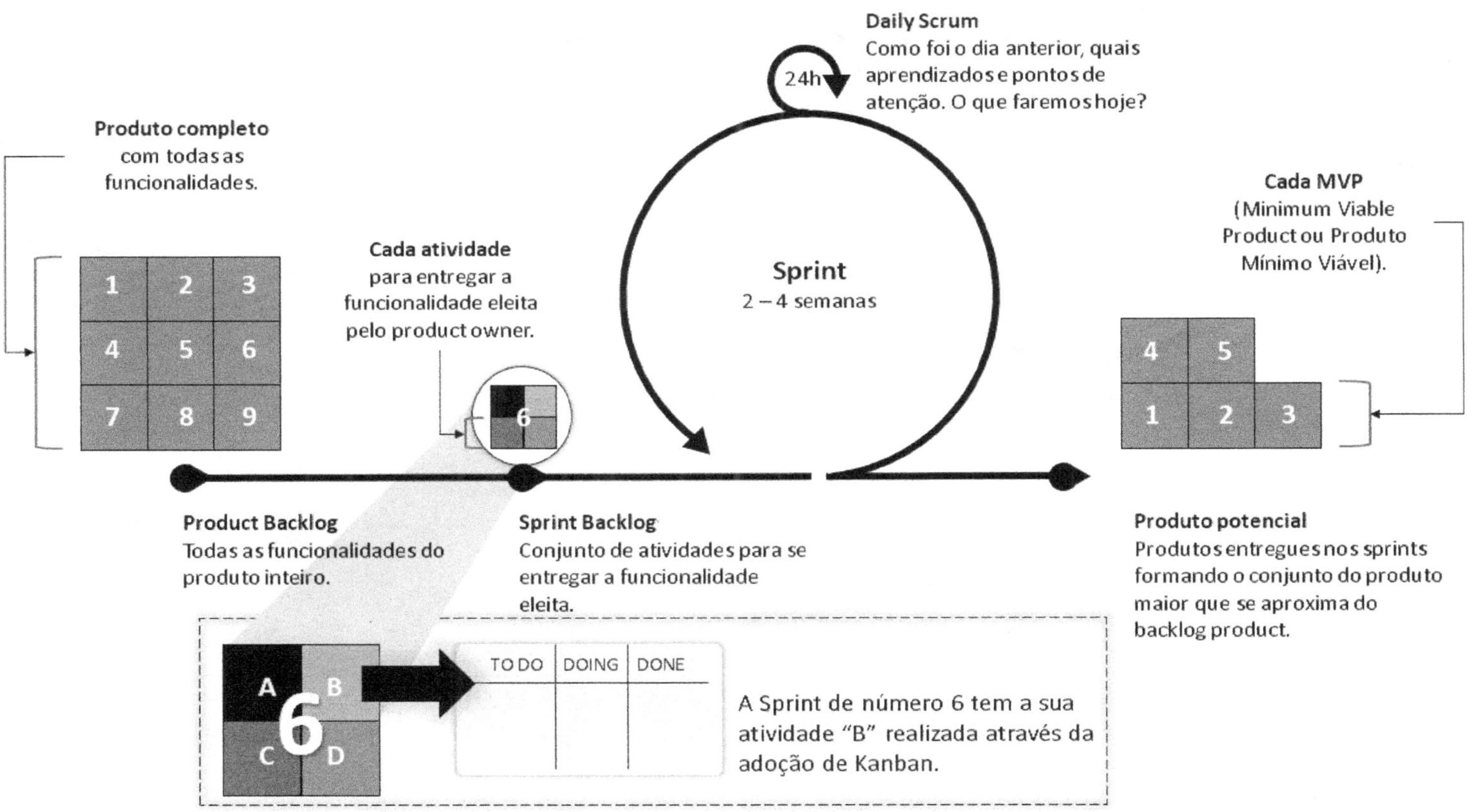
Daily Scrum
Como foi o dia anterior, quais aprendizados e pontos de atenção. O que faremos hoje?
24h
Produto completo
com todas as funcionalidades.
1
2
3
4
5
6
7
8
9
Cada atividade
para entregar a funcionalidade eleita pelo product owner.
6
Sprint
2 – 4 semanas
Cada MVP
(Minimum Viable Product ou Produto Mínimo Viável).
4
5
1
2
3
Product Backlog
Todas as funcionalidades do produto inteiro.
Sprint Backlog
Conjunto de atividades para se entregar a funcionalidade eleita.
Produto potencial
Produtos entregues nos sprints formando o conjunto do produto maior que se aproxima do backlog product.
A
B
6
C
D
TO DO
DOING
DONE
A Sprint de número 6 tem a sua atividade "B" realizada através da adoção de Kanban.

Figura 48: técnica Kanban com cartão (atividade de pequeno desenvolvimento de software) usando isoladamente a metodologia ágil Scrum.

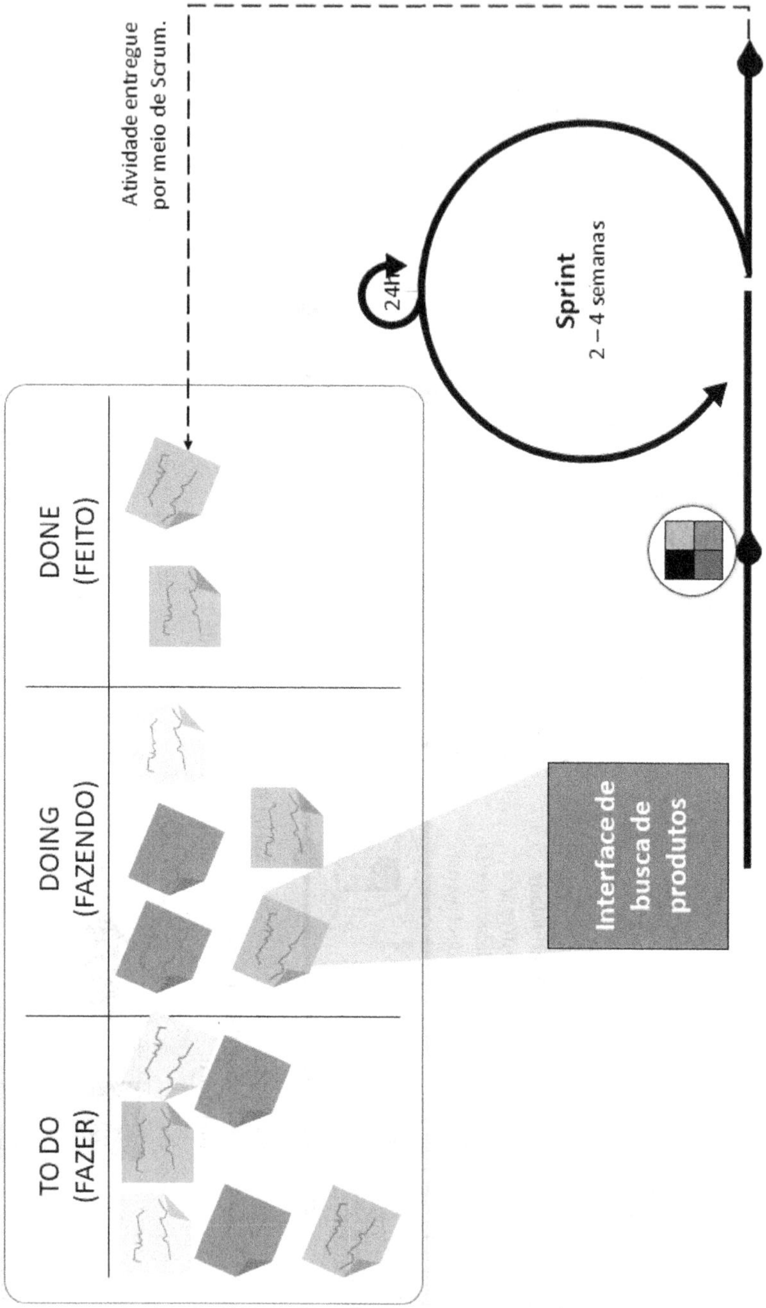

DATA VISUALIZATION (VISUALIZAÇÃO DE DADOS), TELAS OBJETIVAS, NAVEGAÇÃO INTUITIVA E MINIMALISMO

Muito falamos sobre os dados, aliás sobre o enorme volume da dados que estamos lidando atualmente e as novas formas de ver as coisas, os novos questionamentos, a necessidade de se embasar sob informações mais assertivas, com menos hipóteses e poucas intuições. Eu me recordo das gigantes listas telefônicas, com páginas de papel bem fininhas, com o nome de todos os assinantes das linhas de telefone fixo (esse termo nem existia, falava-se telefone mesmo) e a nossa rotina para se buscar informações sobre serviços e produtos.... Era mesmo um mundo rodeado de coisas em papéis, com informações que não acompanhavam os acontecimentos da vida, que tinha defasagem de meses e até anos, até que uma atualização nos salvasse. Eu me lembro também de sairmos de carro, todos na minha casa, e meu pai as vezes olhava um guia de viagem que saia de tempos em tempos e ficava lá no porta-luvas do carro, mas que ele sempre dizia: "nós vamos passar por esse restaurante se ele ainda existir". Era uma lógica que já entendia o mundo com informações a serem buscadas e que mesmo diante delas, ainda havia a tolerância sobre não estar precisa. Um tempo muito diferente de hoje, não acha? Se a gente digita o nome de um restaurante no Google hoje, a gente tem tanta coisa, como reportagens, fotos, vídeos, comentários, críticas, reclamações, estatísticas, visão do cardápio, preço, local para reservas, fã clube etc. Temos um verdadeiro lago de informações sobre o restaurante. O mundo está cada vez mais exigente, e de certa forma descontente com antigas formas de decisão, mas não só pelas incertezas que faziam parte da rotina das pessoas, mas também porque as informações estão virando passado muito rapidamente, e é dessa inquietude que as ferramentas se apresentam como essencial apoio para ajudar as pessoas.

Não é de hoje, claro, que os gráficos falam mais que as palavras, apresentam impacto e mostram com mais eficiência a mensagem que se deseja passar, mas para se chegar a uma visão gráfica, é preciso organizar em tabelas estruturadas, ou colunas e linhas bem determinadas, com informações prontas para serem consumidas, a questão é que o dinamismo da vida requer um trabalho rápido e na velocidade das questões que se esbarra, e essas informações não se resumem em filtrar, mas relacionar e observar para muitas vezes decidir. Imagina que a gente queira ver o padrão de consumo de uma pessoa diante de todas as informações que temos das compras realizadas por ela através de cartão de crédito e pagamento de boleto. Lá há informações de frutas, roupas e materiais de limpeza, mas há também há presença em restaurantes, transporte e bares, um verdadeiro lago de informações diversas. Essas informações não estão em uma única tabela, não estão em uma única fonte, mas são informações que podem ser cruzadas, podem responder a perguntas como: o que esta pessoa costuma comer do mercado, onde costuma ir aos domingos e de quanto em quanto tempo vai a um cinema. Imagine, leitor, que há um milhão de linhas com outras pessoas e dali eu posso ver em média quantas pessoas consomem em restaurantes veganos no centro da cidade, no intervalo de 12 a 15h, aos sábados. Apresentar isso em um gráfico, para uma reunião que se tenha 2 dias para organizar é uma coisa, mas para uma reunião em que não se saiba quais perguntas podem vir, é muito importante que uma ferramenta apresente possibilidades, a dinâmica, e consequentemente pronto atendimento ao que for questionado, e é por isso que não podemos abrir mão de mecanismos (softwares) com interface amigável e informação precisa e real.

Navegação Intuitiva

A próxima figura é um bom exemplo de ferramenta intuitiva, que através de um menu com imagens e um pequeno texto ao passar o mouse, o usuário que navega consegue chegar às praias nas características que procura. As ferramentas de visualização de dados disponíveis no mercado hoje em dia são muitas, e empresas como a própria Oracle têm a sua Data Visualization. Algumas, mas não raras exceções, podem justificar o desenvolvimento de ferramentas de visualização de dados, mas geralmente o que as empresas fazem é adotar aplicações confiáveis, como o Microsoft Power BI e o TIBCO Spotfire, e modificar a forma de ver os dados dentro das possibilidades que a origem permite, ou quando o trabalho é mais simples, algumas desenvolvem as suas planilhas com tabelas dinâmicas no próprio Microsoft Excel. O site Visme.co publicou um artigo muito interessante em que são apresentadas as 25 melhores ferramentas de visualização de dados do ano de 2018, considerando a estética e a eficiência na apresentação dos dados, e desta forma convido o leitor a acessar o link para conhecer o artigo e um pouco da criatividade que encontramos no mundo atualmente: https://visme.co/blog/best-data-visualizations/.

Figura 49: ferramenta de visualização de dados que apresenta as praias pela forma de locomoção até elas e pelo tipo (ondas, calmaria, quiosques etc).

Para se desenvolver ou customizar (personalizar) uma ferramenta de visualização de dados, o profissional deve levar em conta para qual fórum, para qual público, quanto tempo, onde estão as informações a serem questionadas, quais equipamentos de projeção e entregar uma ferramenta com o dinamismo das perguntas. É importante que se tenha em mente que uma imagem vale mais que 1000 palavras, mas que a informação seja precisa e confiável. Simon Samuel, chefe de modelagem de dados de um grande banco no Reino Unido, assegura que

> A visualização de dados vai mudar a forma como os nossos analistas trabalham com dados. Espera-se deles a resposta a questões mais rapidamente. E eles precisarão ser capazes de ir a fundo para obter mais insights sobre os dados que os de costume, e de forma mais criativa. A visualização de dados promoverá uma exploração de dados apresentando de forma mais criativa.

Minimalismo: menos é mais

Apesar de muitos recursos, permitindo dinamismo e respostas para muitas perguntas, uma boa ferramenta de visualização de dados deve contemplar simplicidade nas cores e imagens, isso porque os dados não devem sair da cena principal, e toda e qualquer cor deve estar atrelada ao que determinada informação representa. Quando apresentamos dados para um público tomador de decisão, certamente esse público irá querer ver com objetividade e fazer juízo sobre informações que ficaram evidentes no visual que um gráfico apresenta naquela disposição escolhida, isso é muito claro, mas quando apresentamos dados com muitas imagens, carinhas, banners e ícones, corremos o risco de danificar o claro entendimento e dificultar a tomada de decisão. Uma informação invisível não é uma informação e se estiver "meio" visível, pode impedir um gestor de focar na questão chave. A próxima imagem apresenta dois gráficos e ilustra um caso comum de exagero na visualização de dados.

Figura 50: gráficos de linha com e sem uso de ícones.

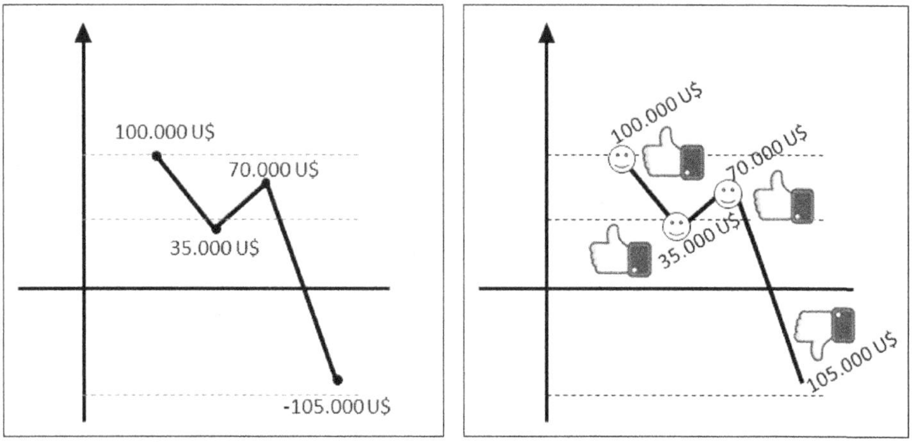

TEORIA U, A METODOLOGIA CONCENTRADA NO INTERIOR HUMANO

Teoria U é uma metodologia que parte do entendimento de que o resultado de uma mudança gerada por qualquer projeto ou demanda tem a qualidade em função da aceitação e participação das pessoas envolvidas. Em outras palavras, para os que adotam a teoria U, quanto mais conhecemos e nos envolvemos com o nosso próprio interior, maior é a qualidade do que fazemos no presente, tanto no campo social quanto nas atividades profissionais. Esta teoria foi cuidadosamente sistematizada pelo alemão Otto Scharmer em meados do ano de 2006, e hoje é disseminada em todo o mundo, por diversos artigos e palestras reveladoras da influência do interior humano. Otto deu início ao tomar conhecimento de uma entrevista de Bill O'Brien, que dizia algo que muitas vezes dizemos sem nos darmos conta no sentido que isso pode trazer: "o sucesso de uma intervenção depende da condição interna do interventor". Maria Angélica Rente, psicóloga especializada em arte da terapia, faz uma análise da sistematização de Otto Scharmer sobre a condição em nível coletivo, defendendo que

> A grande questão que Scharmer apresenta é que todos os sistemas atuais — saúde, finanças, educação etc. — caracterizam-se pelo fato de que, coletivamente, estamos criando resultados que não queremos. Isto

ocorre porque operamos a partir de paradigmas de pensamento obsoletos, que embasam nossos comportamentos, crenças e atitudes, perpetuando uma realidade que não condiz ao futuro que quer emergir.

A teoria U procura superar pensamentos baseados no passado, acreditando que é preciso partir do futuro que surge, através de uma conexão íntima e profunda com o momento do presente. Isso é se desvencilhar de pensamentos fixados, paradigmas construídos e fortes valores ancoradores, a fim de movimentar energia para um novo lugar interno que eleve criatividade e apresente novas realidades sobre o que se vivencia. Ver com novos olhos, deixar ir e vir, conseguir soar novos sons, ouvir novos sinais e então perceber novas opções como fruto da reflexão sob novas hipóteses e menos paradigmas não-científicos.

Tabela 5: pensamentos no passado e os novos pensamentos sobre o presente.

NOVA DEMANDA COM A ÁREA DE MONTAGEM		
PENSAMENTOS COM BASE NO PASSADO		**PENSAMENTOS COM BASE NA TEORIA U**
MINHAS EXPERIÊNCIAS DIZEM TUDO	→	MINHAS NOVAS EXPERIÊNCIAS DIRÃO O MELHOR
• As pessoas são grossas; • Os engenheiros não deixam a gente falar; • Aquele bairro é péssimo para almoçar; • Ninguém gosta de trabalhar com a equipe de montagem.		Estou com um projeto ótimo, há algumas características pessoais na área que trabalharei, são pessoas, têm família, elas têm as suas responsabilidades, não posso provocar o que há de pior nelas, preciso levar algo para comer e quem sabe não levo para elas também, lá tem poucos restaurantes.
MAIS CONFLITOS RESULTADO MÍNIMO ADMISSÍVEL	→	**FIM DOS CONFLITOS RESULTADO MÁXIMO ALCANÇADO**

As mudanças são perceptíveis, mas mais que o exercício da atitude, a teoria U é rica em métodos que exploram o arquétipo da letra U, e para todas as aplicações, a união das palavras inglesas *presence* e *sence* dá vida ao neologismo *presencing* (presença e sentido), que seria algo como um novo substantivo (não o verbo) "presencia" em português, mas não é usado assim, então vamos nos acostumar com mais um anglicismo com esta teoria e sempre nos remeter à tradução. Vejamos um pouco mais na imagem seguinte:

Figura 51: a teoria U.

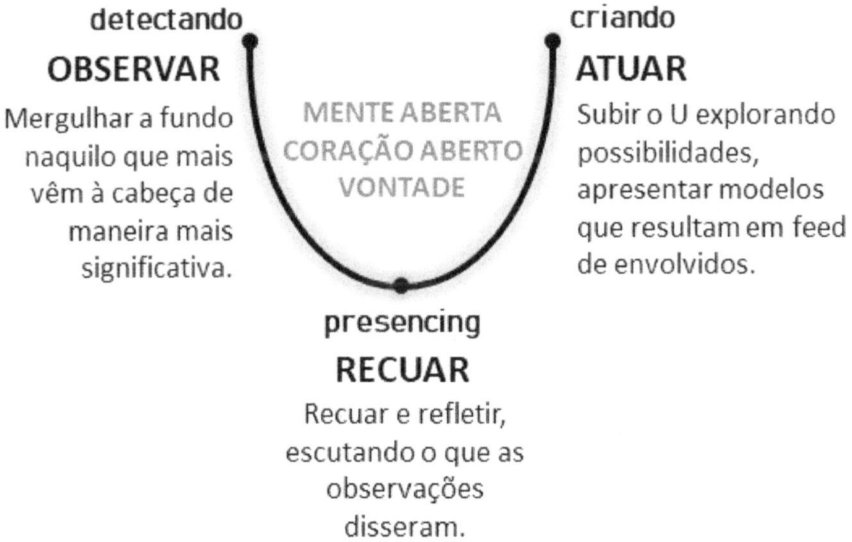

Para a teoria U, a pessoa deve estar aberta ao que pode vir, e é no que se chama de "buraco da agulha" que deixamos para trás e prosseguimos com vistas ao futuro, levando o essencial, após um pensamento renovado, fora da caixa, e com a leveza que toda a situação requer. Com essas medidas, inimigos internos que fazem julgamento, que optam pelo cinismo e que nos amedrontam, serão transformados e abrirão um universo com pensamentos como aceitação, tolerância, seriedade e consciência na própria capacidade.

SMART FARMING, BREVE CAPÍTULO SOBRE A MODERNIZAÇÃO EM ÁREAS RURAIS

Smart farming (fazenda inteligente, também chamado isoladamente de agricultura digital ou agricultura inteligente) é um conceito voltado para o olhar digital sobre a forma que as coisas são feitas em áreas rurais. Este conceito não se limita em aplicar dispositivos, sensores e atuadores no campo, mas se refere a toda uma visão para obtenção de resultados com base em cálculos e não só no que se sabe da natureza por experiência no campo, e nos sentimentos. O significado seria objetivamente a aplicação de softwares, dados e dispositivos para que um "fazendeiro" seja subsidiado, da decisão até a própria execução das atividades na fazenda. Isso significa que é um engano resumir *Smart Farming* em Internet das Coisas (IOT).

Assim como na indústria, há uma sequência de tarefas acontecendo após a colheita numa fazenda e há também muita coisa acontecendo antes do processo de plantio e manutenção da terra e dos cercados. Sim, uma fazenda requer visão sistemática sobre tudo o que se refere a ela, até que um produto chegue à indústria, ao comércio ou diretamente na casa das pessoas. Mais que soluções específicas, proprietários, administradores e funcionários de uma fazenda precisam de respostas, e destas respostas as tecnologias que podem promover.

Figura 52: dos questionamentos, um cenário digital para as respostas.

Apesar de agricultura inteligente não se resumir em Internet das Coisas e nem em automação, a maior parte da digitalização dos serviços manuais e mecânicos começa com pequenas atitudes, sem a providência de um projeto mais abrangente para a planta rural. De acordo com as experiências que têm com plantio e criação, ou quando se deparam com um custo alto, a maioria dos fazendeiros vai escolhendo pontuar o problema e colocando as coisas mais à vista, tratando uma ou outra "dor". Não há mal nenhum em se entregar uma funcionalidade de cada vez, claro, e é essa a ideia de um MVP (Minimum Viable Product), o produto mínimo viável, mas o que eu gostaria de destacar exaustivamente neste livro é sobre a importância em um projeto para a planta, observando todo o processo, a cadeia e a organização em busca de um vetor focado em maior desempenho, isso pode poupar custos de novas implantações e torna possível a entrega de outras funcionalidades. O que quero dizer é que com um projeto com visão do todo, poderiam ser levantadas as atividades e observada a solução por completo, elencando vantagens na gestão e no custo (estudo de viabilidade e necessidade), mas que num futuro, uma pequena funcionalidade que fora priorizada dentro da visão completa pudesse evoluir com outras funcionalidades visualizadas ao se compor uma solução para toda a fazenda. Gostaria de incentivar o leitor a contextualizar outras metodologias apresentadas neste livro, além de tecnologias, a fim de exercitar a aplicabilidade e assim assimilar bem o que há no mercado para atender às pessoas. E essa contextualização sem considerar somente o campo ou projetos em áreas urbanas e empresas, mas para tudo que possa ser otimizado com a digitalização.

ARMAZENAMENTO EM NUVEM E A REAL NECESSIDADE DE SE ADOTAR HOST FORA DO ESCRITÓRIO DE ATUAÇÃO

É sempre uma decisão difícil para as empresas colocarem seus dados importantes em um local fora da sua propriedade, em servidores de empresas prestadoras de serviços e se sentindo à mercê de riscos de vazamento de informações. E é preciso ficar atendo às críticas atuais, pois as mais comuns que ouvíamos no passado para "entregar" dados no conceito de nuvem não eram somente sobre segurança da informação, pois muito se falava sobre a velocidade também, entendendo a banda de Internet como fator crítico (e de fato é), só que tudo foi evoluindo, da velocidade aos mecanismos de armazenamento mais ágeis, capazes de suportar acessos simultâneos, gerenciar backups e garantir a segurança. A verdade que deve muito se levar em conta é que cuidar dos dados exige um custo alto para uma empresa, e manter profissionais especializados em servidores próprios sempre foi algo de assustar ao se projetar uma infraestrutura, porque ainda tinha a troca (atualização) desses equipamentos de tempos em tempos, mais os softwares requeridos pelos novos equipamentos, e depois todo o trabalho de depreciação contábil dos bens patrimoniais e as grandes preocupações com discos usados (triturar, zerar etc). Com base nisso, e exatamente nisso e nos contratos que garantem disponibilidade, gestores têm estado mais abertos a esta transição, só que na atualidade, quando a gente pensa em transformação digital, tornar os dados disponíveis às pessoas é algo já embutido no pensamento de líderes e liderados, e este serviço para uma empresa, especialmente se o negócio não é propriamente tecnologia, certamente terá que elevar seus custos se quiser fugir das nuvens.

Figura 53: dois cenários de armazenamento (local e nuvem).

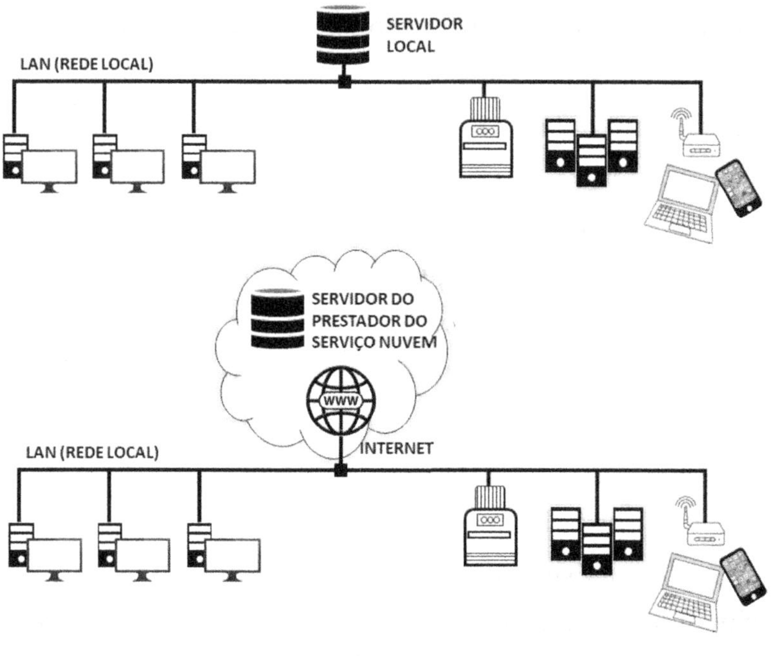

Pensar em nuvem é pensar em Internet, claro, isso porque a os dados sempre irão trafegar através da Internet, mas na imagem que apresentei anteriormente, a rede local (LAN – Local Area Networking) é preservada no escritório, e já é comum também observarmos a desconstrução dos modelos de rede de trabalho locais, entendendo simplesmente que o escritório deve prover apenas a conexão com a Internet ou atuar em rede móvel (3G, LTE 4G, 5G...). Isso quer dizer que quando eu mandar imprimir um documento, a solicitação é enviada ao servidor de impressão em nuvem contratada e retornada para o aparelho que está ali perto do usuário através da Internet. Achou estranho? E já existe, inclusive, impressoras que podem receber ordens para imprimir documentos sem passar por uma empresa contratada com o serviço de nuvem. Acredito particularmente que este será o modelo, e que tornará as redes locais obsoletas em um futuro a conhecermos, bastando para isso que cada um dos dispositivos tenha capacidade de se conectar em rede WAN (Wireless Area Networking) ou rede móvel. Vejamos o modelo ou a topologia de rede com conexões individuais e o acesso a outros dispositivos do trabalho.

Figura 54: escritório sem rede local e serviços através da nuvem.

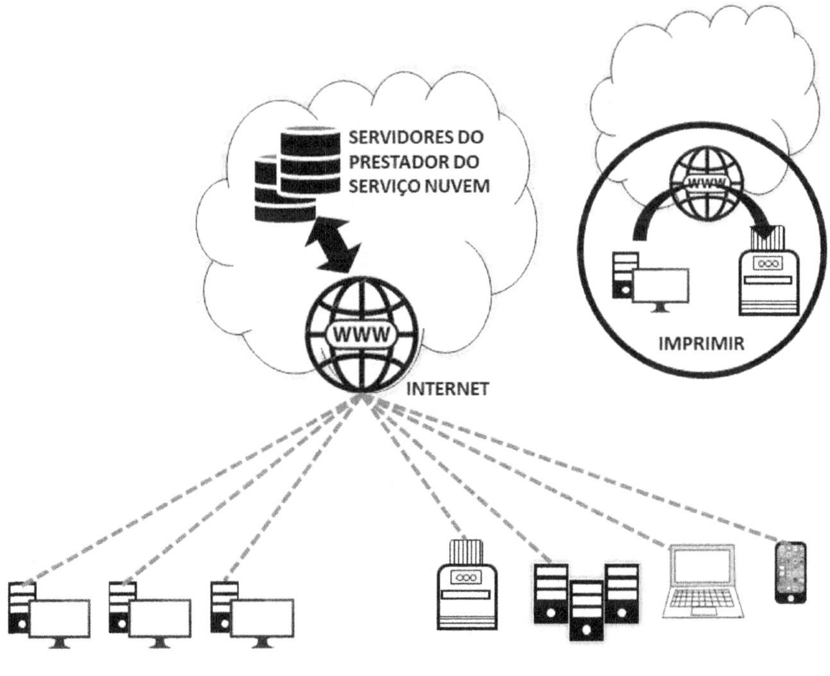

A pergunta chave é a seguinte: se é tão vantajoso assim, há algum caso em que não se deva contratar o serviço em nuvem? Eu diria que sim, e diria também que todas as vezes em que os dados não precisarem ser acessados de fora do escritório ou quando o ambiente não tiver acesso à Internet por questões exigidas por regulação e em alguns casos por se tratar de uma região hostil e sem tecnologia para tornar real a Internet. Muita gente conserva os arquivos do celular no próprio aparelho ou em um cartão de memória, e posso considerar um caso típico de dados que devem estar em nuvem, mas se o motivo for a baixa importância dessas informações, então eu não aconselho a contratação de nuvem. Os casos devem ser analisados, e tudo deve ser feito na proporção do que a realidade requer, falo a realidade porque considero o sentimento, o desejo e a vontade humana, como qualidades inerentes à subjetividade que quase nunca nos levam à lógica ou ao pensamento em prol do que é necessário para se obter resultados no menor custo e satisfatória produtividade. Tenho amigos que vivem dizendo "tenho nuvem para o celular", mas quando questiono sobre os documentos mais importantes deles, ouço também "as minhas coisas importantes estão lá no HD de casa". Consegue perceber, caro leitor, que a nuvem oferece a garantia de backup e o HD de casa está susceptível a problemas do tempo, quedas e ranhuras? Acho que todo mundo já ouviu algo como "backup, quem tem um, não tem nenhum".

A transição para a nuvem

Após a decisão para a migração dos serviços em nuvem, e quais serviços portanto serão acessados de servidor fora do escritório (ou de casa), alguns passos são importantes, e o primeiro deles se faz sobre a interrupção de qualquer desenvolvimento, aquisição de softwares ou organização de dados que não pense em nuvem. Não adianta muito todo o esforço para levar dados para a nuvem e uma força interna concorrendo com as decisões e caminho da empresa. Nuvem não se resume em armazenamento, claro, e há alguns tipos de serviços disponibilizados pela nuvem que podem ser contratados. Vejamos:

Tabela 6: tipos de capacidade dos serviços disponibilizados pela nuvem.

HaaS Hardware como Serviço (Hardware as a Service) ou **IaaS** Infraestrutura como Serviço	Quando o serviço consumido se refere aos recursos de hardware, como processamento, servidor de impressão, armazenamento e inclusive rede Dispensa determinado recurso físico do escritório.	
PaaS Plataforma como Serviço (Platform as a Service)	Quando o serviço consumido se refere aos ambientes de desenvolvimento de software, às linguagens de programação, recursos para implementação de soluções etc. Dispensa aquisição de ambiente de desenvolvimento local.	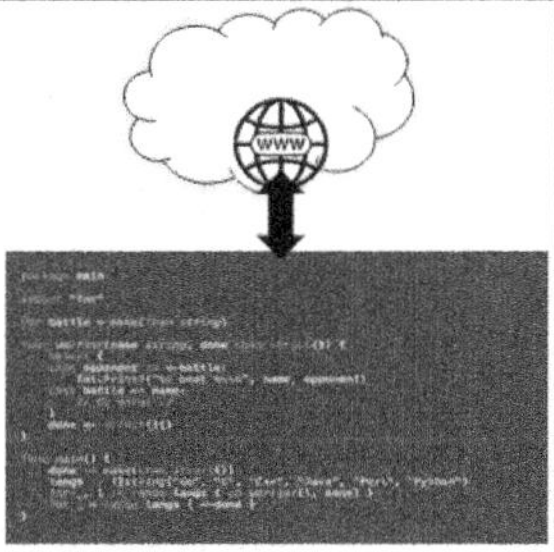
SaaS Software como Serviço (Software as a Service)	Quando o serviço consumido se refere às aplicações que são acessadas de um servidor (host) externo. Dispensa aquisição de software locais.	

Os serviços, apesar de deixarem claras as modalidades a serem contratadas no conceito de nuvem, precisam ser bem dialogados quanto aos aspectos garantidores de que tudo sairá dentro das expectativas de quem contrata e compara com o que tinha quando os recursos estavam no escritório, no computador, no Data Center da empresa etc. Espero que a tabela a seguir possa contribuir:

Tabela 7: aspectos a serem considerados no serviço de nuvem.

Portabilidade	Característica que torna possível que aplicações e bases de dados possam ser inseridas em qualquer padrão de nuvem, de fornecedores diferentes, sem que seja necessário fazer alterações em sistemas.
Confidencialidade	Aspecto que garante que todas as informações só poderão ser acessadas por pessoas, sistemas ou máquinas que têm permissão.
Disponibilidade	Garante que a informação esteja sempre disponível às pessoas, sistemas e máquinas que têm permissão de acesso.
Elasticidade	Aspecto que permite aumento ou diminuição dos recursos contratados, levando em conta sazonalidades do contratador ou acatando a questões relacionadas ao aumento ou diminuição da demanda. A elasticidade garante que não haverá interrupções ou e nenhum tempo de espera que provoque dano em outros aspectos contidos nesta tabela.
Integridade	Assegura que todas as informações estejam íntegras e sem nenhuma alteração ou deformação da estrutura de base.
Autenticidade	Aspecto que garante que a informação tem a sua origem preservada, sem alterações por consequência de

	qualquer operação feita pela empresa contratada para prover o serviço em nuvem.
Escalabilidade	Capacidade de aumentar recursos e capacidades de um sistema, mas sem gerar custos e necessidade de contratação. Até quanto um banco de dados é escalável? Até quantos usuários o sistema suporta em uso simultâneo? São algumas questões provocadas para se contratar um serviço.
Acessibilidade	Aspecto que se refere à capacidade de diversidade no acesso às informações e aplicações. Pode se tratar de traduções e é desejável que inclua ou preserve características que se referem a pessoas com necessidades especiais.

A SEGURANÇA DA INFORMAÇÃO REQUERIDA PELO AVANÇO TECNOLÓGICO, AS REDES SOCIAIS E A EXPOSIÇÃO EXCESSIVA DE PESSOAS E INSTITUIÇÕES

Antes de tecer as linhas próprias de segurança da informação sobre o que os avanços atuais estão impulsionando, gostaria de dizer algumas coisas ao leitor que me dá atenção pelos capítulos deste livro, vamos lá... Até pouco temo, e eu calculo entre 15 e 20 anos, as redes privadas e a Internet eram palcos perfeitos para hackers e até lammers (apelido dado a pessoas com poucos conhecimentos sobre os bastidores da tecnologia da informação e telecomunicações). Sim, eu me lembro que as unidades de gravação em computadores de uma rede eram compartilhadas, que era extremamente comum conseguir gravar um arquivo na área de trabalho de um colega, por exemplo. Não era exatamente um problema dos sistemas, apesar de mais fracos, mas das políticas e da cultura sobre segurança da informação na época. Ao observar a Internet e a visualização do código fonte de uma página, víamos toda a atividade do site, o nome das tabelas, usuários e os comandos para transações. Sim, era simples, e antes mesmo que você estranhe este cenário, prezado leitor, a maioria das pessoas não se dava conta, e segurança era um conceito voltado para a sensação e não por garantia conhecida pelo usuário através de pareceres e certificações. Aliás, sites certificados eram raros e pouca gente fazia questão disso. Era um momento de novidades, de empolgação, diversão, bate papo através de chats, e o mercado de vendas online estava dando alguns passos para o que hoje é comum. Estudei em 2002 sobre a norma ISO 15.408, que ainda era a primeira versão publicada no ano de 1999, e lá havia um enorme esforço para se orientar o desenvolvimento de softwares com preocupação voltada para uma trilha de auditoria que fosse capaz de resgatar cada transação e o seus autores ou responsáveis na operação, e que para isso era preciso um trabalho que cadastrava os usuários dos sistemas pela sua classificação (perfil), o que permitia um sistema de não aceitar que uma pessoa pertencente a uma classe pré-cadastrada, pudesse executar ações de outras classes. A segurança se resumia em possibilitar a auditoria e a prevenção se limitava em dar perfis, não havia muita coisa para nós que desenvolvíamos, e o nosso código escrito em linguagens de programação eram instalados nas máquinas do usuário (as plataformas cliente-servidor) de forma segura, compilados (havia criptografia do conjunto da nossa criação), e a questão pior que víamos era quando um desenvolvedor não colocava senha nas bases de dados, permitindo que algumas tabelas com dados pudessem ser abertas até em programas como o Microsoft Excel. Como fator humano, como o empréstimo de senhas, era consequência da consciência do usuário que teve muito que se trabalhar nesses anos, porque jogava todo o trabalho pensado por um desenvolvedor juntamente com o comprador da solução por água abaixo. Eu particularmente já vi senhas anotadas e coladas no próprio monitor do usuário de um sistema... O tempo foi passando e as soluções mudaram, os sistemas foram saindo da máquina do usuário e passaram a ser armazenados em um servidor da rede e assim chamados através de browsers (Internet Explorer, Firefox etc.). Essa mudança demandava recursos de rede e muitas soluções apresentavam seus códigos de programação para qualquer usuário que tinha o browser aberto, era um tempo complicado, e o problema então foi a democratização das invasões e códigos maliciosos, porque o que era um desafio para conhecedores de linguagens de programação, passou a ser acessível a usuários com pouco conhecimento (os tais lammers), que pegavam dicas simples em sites e até mesmo revistas das bancas. As coisas foram mudando e as normas de segurança da informação passaram a se alinhar com organismos maiores, passaram a ter que dar satisfação a um usuário mais atento, as instituições que viam a sua própria reputação ameaçada por qualquer vulnerabilidade de um sistema, e essa é a grande virada que acarretou na atual norma, a ISO/IEC 15408-1:2009, que conforme anuncia o próprio site da organização ISO, em breve será substituída por uma versão ainda mais completa.

Então quais as preocupações devem ser percebidas para assegurar usuários e instituições de que as relações através da Internet são seguras? Primeiramente, pensando nos equipamentos e nas possibilidades, é importante que cada estação tenha programas utilitários para impedir vírus entre outras invasões. Feito isso, é importante assegurar que os sistemas utilizados estão comprometidos com a segurança da informação e a norma ISO 15.408, que exigem a identificação e autenticação de usuários e que as informações formadas em banco de dados não sejam acessadas por pessoas não autorizadas. Com relação à rede que conecta os profissionais do ambiente de trabalho e/ou leva ao acesso à Internet, deve haver regras bem definidas e monitoradas, nenhuma pessoa deve descumprir o que está definido, e os sistemas operacionais, entre outros sistemas adotados para o controle da rede, devem informar anormalidades no uso dos recursos. A segurança da rede deve ser exaustivamente pensada e muitos testes devem ser feitos para que as estações e os dados armazenados estejam em proteção, com firewall que aplique a política de segurança requerida pela instituição e conhecida por seus usuários. Mas isso garante que não existam malícias de sistemas ou de pessoas altamente especializadas? Ora, para falar a verdade, nada é 100% seguro, mas antes de nos preocuparmos com as pessoas muito especializadas, que geralmente são profissionais bem engajados no mercado de TI e Telecomunicações, vamos observar o comportamento dos usuários quanto à consciência e ética sobre as políticas de segurança. O leitor deve estar imaginando que eu defendo que as pessoas são o ponto mais frágil, e está correto em pensar isso, porque a confidencialidade é falha em muitas organizações e na maior parte das vezes está mais por conta da negligência do que por má fé. Dario Caraponale, sócio da Strong Security Brasil, empresa pioneira em produtos e serviços na área de segurança da informação, aponta que

> Cada empresa utiliza soluções de armazenamento, sistemas operacionais, firewalls e máquinas diferentes. Por isso, não é possível criar uma fórmula geral para que tudo isso fique protegido sempre, já que existem métricas, condições e soluções diferentes para cada situação. Entender cada ambiente levando em consideração o fator humano e somente depois disso fazer um plano de segurança é o caminho mais apropriado para seguir nessa questão

A preocupação com as pessoas é a chave para o sucesso das políticas de segurança da informação de uma instituição, e isso é assim porque há muita fragilidade na inocência e na falta de consciência dos impactos gerados em uma simples informação ou até mesmo no empréstimo de uma senha. As pessoas precisam enxergar mais amplamente e o correto é não só conscientizar e torna as responsáveis de seus atos, mas promover simulação de situações causadas pela falha humana, quais as habilidades e abordagens mais comuns feitas por uma pessoa má intencionada e os mecanismos de chegada até um funcionário. Uma pessoa com má intenção pode muito bem se passar por colega e até amiga de um funcionário e ter dados suficientes para convencer alguém, as informações estão por aí, as redes sociais nos tornam mais pessoais ou com informações mais pessoais sem mesmo que a gente se conheça, e isso ainda abre possibilidades para abordagens em caráter mais íntimo e, portanto, com maior potencial de "sucesso". Esgotar o assunto em cada oportunidade, tornar popular o conhecimento sobre os golpes que usam a informação e criar campanhas rotineiras sobre a modernização desses golpes é sempre o investimento com maior influência na eficácia de uma política de segurança.

As Redes Sociais

O que cada um de nós deve ter em mente é que as nossas informações se espalham de maneira quase que descontrolada na Internet, que cada opinião particular em uma rede ou site da Internet pode nos divulgar e nos deixar em situação de risco, a depender das informações que tornamos disponível ou sobre as respostas que damos. Todos nós já passamos por alguma situação de indisposição nas redes que provavelmente não passaríamos em uma oportunidade pessoal, não é mesmo? E isso se dá porque a rede nos encoraja, faz a gente responder na comodidade, e é extremamente convidativa por parecer impessoal, mas não é, e é aí que o problema reside, quando acreditamos que temos controle sobre essas situações, isso é extremamente difícil. E não é só isso, pois uma pessoa má intencionada pode ter outra interpretação não calculada pela informação que tem acesso, pode fazer uma informação completa através de dados colhidos de outras redes ou amigos, e levar uma situação completamente improvável a ser algo objetivo e de aplicação real. Se eu aceito um convite de um evento através de uma rede social, eu estou dizendo imediatamente a todos que me seguem de que eu estarei lá em pessoa naquele dia e hora marcada, mas mais ainda, essa informação pode sair do meu controle, pode ser publicada por outros sites que patrocinam o evento e assim eu perder totalmente a visão da situação. Viver em segurança não é somar as percepções sobre quanto a nossa unidade pessoal vale para uma pessoa de má fé, mas ter a consciência de que no mundo da informação, qualquer dado pode ser é enriquecedor, qualquer passo vulnerável é uma janela de possibilidades e a apresentação de informações de forma tão ingênua pode assegurar que um golpista jamais seja rastreado. A segurança atual, assim como a segurança requerida no passado, depende das pessoas muito mais que dos sistemas de policiamento da segurança da informação, e é delas também que se deve observar o "termômetro" da segurança das soluções. Antigamente se vasculhava o lixo, quando uma pessoa tinha a intenção de obter obscuramente as informações pessoais de alguma vítima, mas hoje se vasculha a Internet, além continuar havendo o lixo com informações que ainda podem ser valiosas (é sério!).

O comportamento seguro é um conjunto de regras institucionais e pessoais que se fundem, construindo uma figura humana consciente e precavida, que percebe melhor as possibilidades de deslizes e se conserva naquilo que pertence somente a si mesma, e que dela não gere possibilidades de comprometimento de outros indivíduos, familiares ou até da empresa que trabalha, e a construção deste comportamento acontece na dinâmica que outros canais são criados, depende de muitos cuidados e de uma visão inquieta sobre o estado das informações que têm sob a sua responsabilidade. O momento requer mais atenção do que em outros tempos e esse já é o caráter diferenciado de alguém que quer se preservar e se manter íntegro não só quanto à postura profissional, mas para a vida.

DEFICIENTES E POSSÍVEIS TRANSFORMAÇÕES SOB O PONTO DE VISTA DA INCLUSÃO DAS PESSOAS, A DEMOCRATIZAÇÃO DAS OPORTUNIDADES E AS TECNOLOGIAS ASSISTIVAS

De todos os benefícios à sociedade, esperados com a transformação digital, a contribuição com a inclusão das pessoas é o maior gol de placa, e eu digo isso tão assertivamente, prezado leitor, porque consigo perceber muitos obstáculos enfrentados pelo deficiente, e incluo as dificuldades para locomoção, mas falo também das pessoas cegas, surdas e inclusive deficientes intelectuais. Há alguns anos desenvolvi um TCC sobre a inclusão de deficientes como um problema de maior amplitude, entendendo que não se resume nas coisas e nos caminhos por onde passa, mas na compreensão das pessoas ao redor, uma questão de cultura e educação, e com a transformação digital a gente consegue imaginar algumas soluções com impacto quase que de imediato na vida dessas pessoas. Em artigo publicado no blog A2C, Jonas Pereira, analista de sistemas especialista em acessibilidade defende que

> À medida que os avanços tecnológicos continuam a mudar a maneira como nos comunicamos, trabalhamos, brincamos e interagimos, uma cultura de acessibilidade e inclusão é fundamental para permitir às pessoas com deficiência sua legítima independência e participação como membros plenos da sociedade. Ao permitir o engajamento de tantas pessoas quanto pudermos, ajudamos a colocar a sociedade em um caminho mais cooperativo, criativo e produtivo para abordar

coletivamente os desafios sociais e tecnológicos que enfrentaremos.

Há muitos deficientes em nosso país, e estima-se que mais de 35% têm algum tipo de deficiência, o que torna urgente um a inclusão, reforçando não só o que é exigido em lei, mas com mais projetos que permitam tornar os recursos tecnológicos mais adaptáveis às características humanas e os tipos de deficiência. É certo que ainda vimos calçadas sem acesso, pessoas que não respeitam vagas reservadas a deficientes entre outros descasos, seja da administração pública, seja sobre a própria educação das pessoas, mas a inclusão digital pode promover um caminho ainda mais curto que obras físicas e vantagens no transporte público, apresentando possibilidades reais, servindo de extensão para que o deficiente dê prosseguimento a uma atividade, sem esperar dele esforços incomuns, nivelando todos nós em dificuldades humanamente iguais. Parece sonho? Ora e por que não sonhar? Por que teríamos que nos resumir a uma crença que separa as pessoas? Há 30 anos não tínhamos softwares que apoiavam o deficiente visual, hoje temos, até um tempo atrás não tínhamos como nos comunicar com deficientes auditivos através de um aparelho de telefone, hoje é passado... Com base nessas questões, o sonho dos deficientes deve ser o sonho humano, todos pensando que o estado de deficiência é em grande parte adquirido durante a vida, que o mundo deve estar pronto para aceitar eu e você, caro leitor, e qualquer outra pessoa da forma que carecemos em algum momento da nossa caminhada, e isto só se consegue com luta, com crença, com inovação e, claro, demandantes. Não faz sentido pensar em tecnologia se não for para observar a sociedade, não tem sentido nem mesmo quando a finalidade é lucrativa, todos são consumidores ou potenciais consumidores, e deficientes não devem ser tratados como pessoas que devem ora pagar mais, ora tolerar o as limitações que têm e da forma que são, ninguém deve viver o descaso, ninguém deve ser privado de nada, a não ser que todos estejam nesta mesma situação, uma limitação humana, assim vejo e sempre lutarei.

Figura 55: teclado com braile e aumento das letras para baixa visão.

(Fonte: site de compras online Submarino.com)

Tecnologia Assistiva

O termo Tecnologia Assistiva é uma área de conhecimento que coleciona um conjunto de disciplinas em prol do deficiente: são produtos, projetos, métodos, estudos, serviços, boas práticas, disseminação de experiências etc. E os serviços e profissionais envolvidos são de diversas áreas, contemplando fisioterapia, terapia ocupacional, fonoaudiologia, educação escolar, psicologia, enfermagem, áreas da medicina, engenharia, arquitetura, design etc. A tecnologia assistiva tem por objetivo melhorar a qualidade de vida de pessoas com deficiência, eliminando ou dirimindo barreiras, buscando identificar e remover hiatos que impedem que o deficiente assuma outros papéis já assumidos por qualquer outra pessoa. Resumidamente, a tecnologia assistiva procura melhorar a funcionalidade de pessoas com necessidades especiais, e a palavra funcionalidade deve ser observada com semântica mais ampla que apenas dar habilidade às pessoas deficientes. De acordo com a Classificação Internacional de Funcionalidade (CIF), a funcionalidade deve ter abrangência biopsicossocial, compreendendo as funções e estruturas do corpo (a deficiência em questão); as atividades e participação (as limitações de atividades e de participação apresentadas imediatamente ou através de análise mais detalhada); e os fatores contextuais (a dinâmica dos ambientes e as pessoas). Com vistas à compreensão sobre incapacidade e funcionalidade, a figura abaixo apresenta alguns modelos conceituais.

Figura 56: modelos tradicionais de observação do deficiente e a nova abordagem biopsicossocial

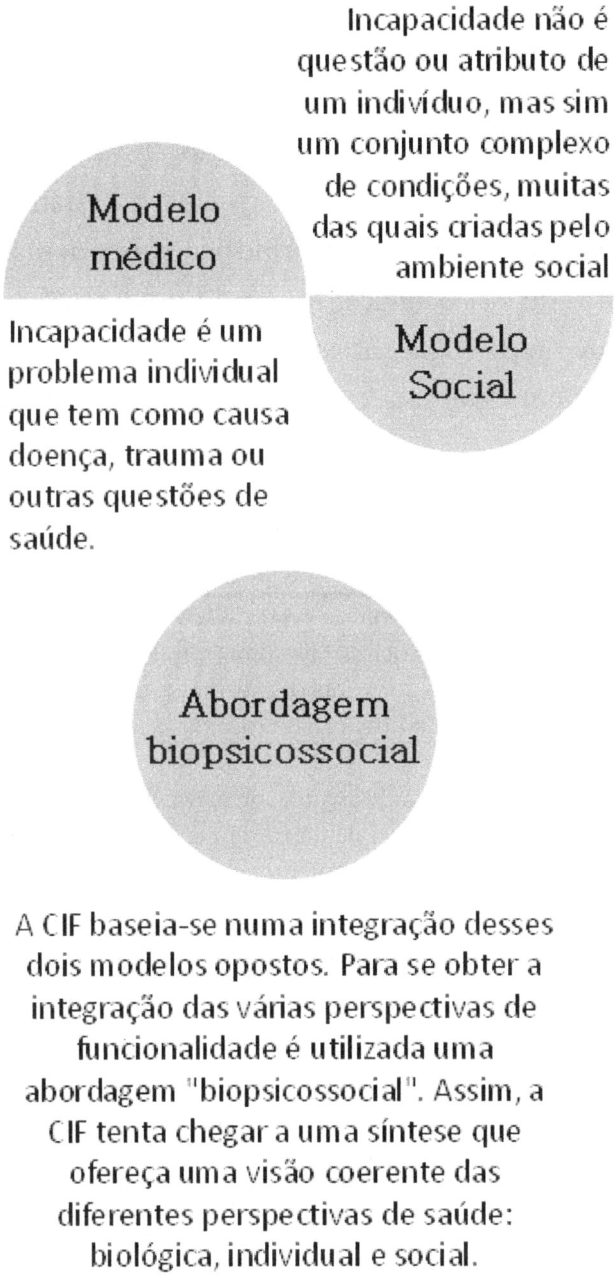

As tecnologias assistivas estão classificadas de acordo com a finalidade e há também um catálogo de produtos geral, organizado para facilitar a vida não só de deficientes e familiares, mas de profissionais que atuam no ramo e que, portanto, buscam apoio e o conhecimento de soluções já homologadas. O catálogo de produtos pode ser conhecido através de Internet e é possível também baixar catálogos específicos de fabricantes, mas considero a tabela seguinte imprescindível para orientar as pessoas antes mesmo de se conhecer os produtos, pois apresenta as categorias de tecnologia assistida, que foram originalmente desenvolvidas em 1998, com atualização em 2017. Vejamos:

Tabela 8: por José Tonolli e Rita Bersch, tabela de classificação de tecnologia assistida publicada no site bengalalegal.com

1. Auxílios para a vida diária	Materiais e produtos para auxílio em tarefas rotineiras tais como comer, cozinhar, vestir-se, tomar banho e executar necessidades pessoais, manutenção da casa etc.
2. CAA (CSA) Comunicação aumentativa (suplementar) e alternativa	Recursos, eletrônicos ou não, que permitem a comunicação expressiva e receptiva das pessoas sem a fala ou com limitações da mesma. São muito utilizadas as pranchas de comunicação com os símbolos PCS ou Bliss além de vocalizadores e softwares dedicados para este fim.
3. Recursos de acessibilidade ao computador	Equipamentos de entrada e saída (síntese de voz, Braille), auxílios alternativos de acesso (ponteiras de cabeça, de luz), teclados modificados ou alternativos, acionadores, softwares especiais (de reconhecimento de voz, etc.), que permitem as pessoas com deficiência a usarem o computador.

4. Sistemas de controle de ambiente	Sistemas eletrônicos que permitem as pessoas com limitações moto-locomotoras, controlar remotamente aparelhos eletro-eletrônicos, sistemas de segurança, entre outros, localizados em seu quarto, sala, escritório, casa e arredores.
5. Projetos arquitetônicos para acessibilidade	Adaptações estruturais e reformas na casa e/ou ambiente de trabalho, através de rampas, elevadores, adaptações em banheiros entre outras, que retiram ou reduzem as barreiras físicas, facilitando a locomoção da pessoa com deficiência.
6. Órteses e próteses	Troca ou ajuste de partes do corpo, faltantes ou de funcionamento comprometido, por membros artificiais ou outros recursos ortopédicos (talas, apoios etc.). Inclui-se os protéticos para auxiliar nos déficits ou limitações cognitivas, como os gravadores de fita magnética ou digital que funcionam como lembretes instantâneos.
7. Adequação Postural	Adaptações para cadeira de rodas ou outro sistema de sentar, visando o conforto e distribuição adequada da pressão na superfície da pele (almofadas especiais, assentos e encostos anatômicos), bem como posicionadores e contentores que propiciam maior estabilidade e postura adequada do corpo através do suporte e posicionamento de tronco/cabeça/membros.
8. Auxílios de mobilidade	Cadeiras de rodas manuais e motorizadas, bases móveis, andadores, scooters de 3 rodas e qualquer outro veículo utilizado na melhoria da mobilidade pessoal.
9. Auxílios para cegos ou com visão sub-normal	Auxílios para grupos específicos que inclui lupas e lentes, Braille para equipamentos com síntese de voz, grandes telas de impressão, sistema de TV com aumento para leitura de documentos, publicações etc.
10. Auxílios para surdos ou com déficit auditivo	Auxílios que inclui vários equipamentos (infravermelho, FM), aparelhos para surdez, telefones com tecladoteletipo (TTY), sistemas com alerta táctil-visual, entre outros.

11. Adaptações em veículos	Acessórios e adaptações que possibilitam a condução do veículo, elevadores para cadeiras de rodas, camionetas modificadas e outros veículos automotores usados no transporte pessoal.

Comunicação Alternativa (CA)

A comunicação alternativa é um nicho de atuação da tecnologia assistiva que procura ampliar a forma de se comunicar. A CA é destinada a pessoas que não conseguem falar, ou se encontram em defasagem para alcançarem a necessidade requerida por uma determinada atividade, ou ainda que não tenham a escrita funcional. A comunicação alternativa procura valorizar a capacidade do indivíduo (até onde ele pode ir) e desta forma, busca apresentar e prover recursos para que a comunicação seja possível para ambos os lados (compreender e ser compreendido). A CIF se baseia numa integração desses dois modelos opostos. Para se obter a integração das várias perspectivas de funcionalidade é utilizada uma abordagem "biopsicossocial".

Além do termo Comunicação Alternativa, no Brasil podemos encontrar Comunicação Ampliada e Alternativa (CAA) e Comunicação Suplementar e Alternativa (CSA), e sua origem vem do inglês como Augmentative and Alternative Communication (AAC).

Figura 57: solução americana de comunicação ampliada e alternativa (CAA)

(Fonte: blog Augmentative and Alternative Communications Reserarch)

É fato que este livro sempre transporta o leitor para conceitos dentro da transformação digital – claro – é o título e o porquê de existência da ideia de escrever, mas é importante dizer que a comunicação alternativa, como a tecnologia assistiva a qual pertence, trata-se de um conjunto de esforços que envolvem o mundo analógico também, sim, nasce dele, e há diferentes sistemas de símbolos nascidos de um universo manual que são utilizados para compor uma informação e se fazer entender. Dos sistemas mais comuns e conhecidos, é possível destacar: Rebus, PIC, Picsyms, PCS (o mais difundido em todo o mundo) e Blissymbols.

O PCS (Picture Communication Symbols) foi desenvolvido no início da década de 1980 pela fonoaudióloga americana Roxanna M. Johnson, e possui mais de 11 mil símbolos para expressar coisas do dia-a-dia. No Brasil, o sistema PCS é adotado por alguns softwares e sites da Internet, seja para ser usado em interações através de dispositivos digitais, como vimos na figura anterior, ou para simplesmente imprimir cartões e ter as opções de comunicação do jeito que a pessoa preferir.

Figura 58: 18 cartões impressos que adotam o sistema PCS.

(Fonte: site assistiva.com.br)

Anteriormente, no capítulo "As pessoas, a mão-de-obra do artesão e a atuação em áreas operacionais" contido neste livro, dei uma atenção ao atualíssimo Movimento *Maker*, que para mim favorece inclusive a pessoa com alguma limitação, e parece que é o mundo convergindo para isso neste exato momento, e ao contrário de como era no passado, dispositivos para atender a alguma deficiência ou dificuldade estão barateando e nos enchendo de esperanças. Costumo dizer que há muitos anos a gente tinha tristeza e amargura na vida do deficiente, familiares e amigos, há alguns poucos anos a gente tinha uma visão turva e observava a acessibilidade tão somente como problema econômico e de ordem pública, mas hoje observamos como um dever de todos, sociedade, governo, empresas privadas, cientistas e todo mundo que respira nesse mundo, inadiavelmente!

A TRANSFORMAÇÃO DIGITAL OBSERVADA NO DIA-A-DIA, AS CIDADES CASHLESS, CYBER-PHISICAL SYSTEM, A NOVA GERAÇÃO DE CONEXÃO (5G) E OUTROS POSSÍVEIS AVANÇOS TECNOLÓGICOS

Estamos vivendo constantes mudanças, o mundo cada vez mais nos apresenta algo novo e oriundo do campo digital, não são prenúncios, mas a manifestação do futuro no presente que estamos. Já pedimos um carro através do celular, já pedimos comida através de app, movimentamos as nossas contas bancárias, ressignificamos a nossa comunicação com amigos e familiares através de textos e mensagens de áudio gravadas, somos monitorados pelas pessoas, percebemos as coisas ao nosso redor através de um mapa digital que pode nos levar a qualquer local através de GPS no celular, compramos em lojas, trocamos opiniões ideológicas, abrimos a nossa intimidade através de redes sociais, estamos nos socializando mais pelas redes, apresentamos os nossos momentos pessoais, conhecemos pessoas, avaliamos os locais, avaliamos pessoas, compartilhamos o que fazemos, o que ouvimos e o que compramos, comparamos as coisas e seus preços, ouvimos opiniões de gente que não conhecemos e nunca conheceremos, reclamamos, elogiamos, sorrimos e manifestamos o que sentimos através de emoticons, ilustramos a nossa felicidade em fotos, resumimos um passeio em vídeos de poucos minutos, conversamos com quem não está do nosso lado mais que com as pessoas que estão... E você, leitor, está fora disso? Talvez de uma coisa ou de outra, mas todo esse caminhar digital acarretou uma enorme transformação em nosso modo de vida, simplificou, aproximou e nos afastou das pessoas, e deve fazer ainda mais por nós, à medida que deixamos que faça ou até mesmo quando não percebemos que está acontecendo.

Cidades cashless

Entramos em um novo mundo, um mundo em que praticamente não usamos dinheiro e já nos aproximamos de não usarmos nem mesmo cartões. Sim, o mundo está buscando a transição para um conceito de cidades cashless (cidades sem circulação de quase nenhum dinheiro em espécie). Nessas cidades, o pagamento é feito através da apresentação de um dispositivo como o próprio smartphone, wearable ou com uso de credenciais biométricas. É um avanço que se alinha com um mundo com mais Eco e menos Ego, como menos impressões e uso de plásticos e papéis para a circulação de moedas. Como se trata de uma mudança difícil, o conceito de "cidades" se apresenta como uma forma mais voltada para o ponto que se encontra cada local com relação à possibilidade de transição, pois a consciência e a vontade não se impulsiona tão somente no indivíduo, mas deve ter a colaboração de entidades públicas, de comércio e profissionais liberais. Geralmente as cidades que iniciam o passo para diminuir ou extinguir a circulação de dinheiro são menores que as capitais, mas não tão pequenas quanto às interioranas. À medida que as cidades de determinado país se estruturam para suportar pagamento sem papéis e cartões, o país se aproxima de ficar totalmente cashless.

Figura 59: pagamento através do celular em proximidade com a máquina do estabelecimento.

(Fonte: site moulamoney.com.au)

Cyber-phisical System

Cyber-phisical systems (os CPSs), ou os sistemas ciber-físico, são sistemas que compreendem o mundo digital com o mundo físico. Num Cyber phisical system, há interação, portanto, entre o digital e entidades reais. É do mundo real que se consolidam atividades a serem executadas por sistemas digitais e é para o mundo real que um sistema digital, no fim das contas, está a serviço, mesmo que no meio do processo comande outras ferramentas do mesmo mundo digital. Quando falamos em mundo digital, estamos falando em sistemas computacionais (dispositivos e softwares), e quando falamos em mundo real, estamos falando do mundo físico, que inclui sistemas analógicos, sociais, corporativos e biológicos, e um cyber-phisical system se apresenta com algo que assume a complexidade desses dois muitos, atuando rotineiramente dentro de condições impostas por paradigmas necessários do sistema físico, mas transportando o comando para o mundo digital assumir as interações com o mundo físico.

Figura 60: um exemplo de CPS

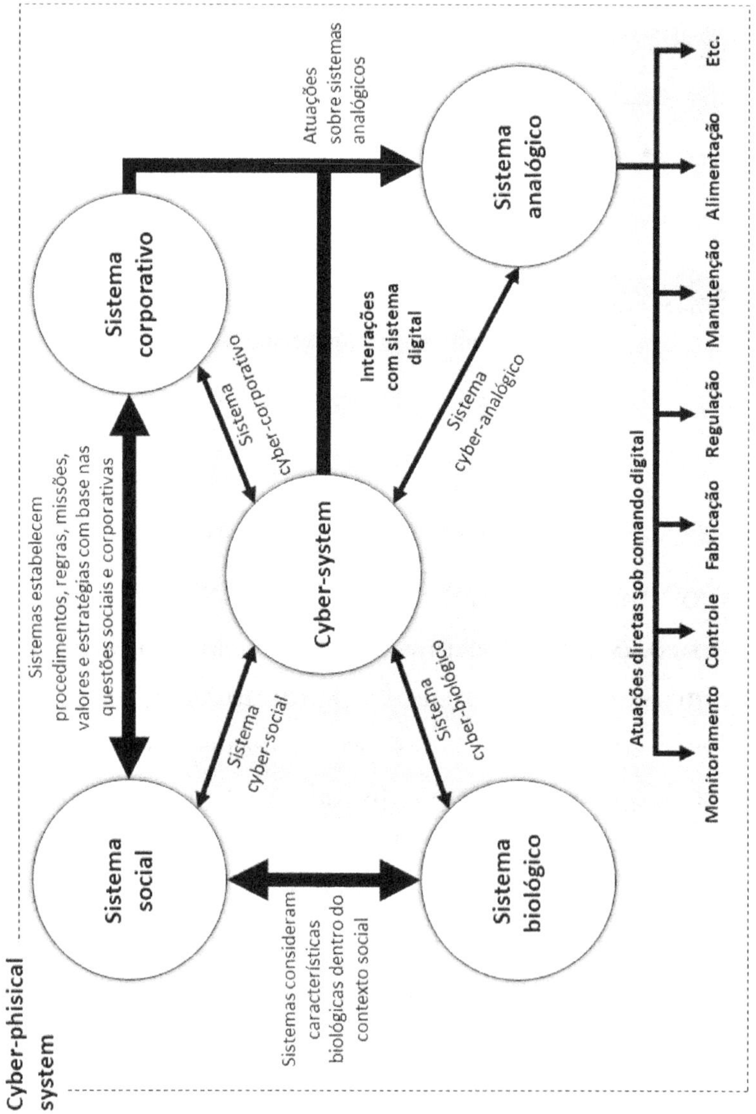

A 5ª geração de conexão sem fio (5G)

A 5ª geração de conexão móvel ou a 5ª geração de conexão sem fio com a Internet, o 5G, segue o padrão de evolução que temos visto ao longo dos anos, e se prepara para deixar no passado as velocidades 3G e 4G (também chamada de LTE). Quando em 4G, testemunhamos conexões bem satisfatórias, já conseguimos fazer chamadas de vídeo com boa visualização e tudo mais, mas ainda nos lembramos muito de que há uma conexão por trás de tudo, e o primeiro sinal de que algo não é tão bom assim, é quando atividades de bastidor se apresentam no palco. Mas também, caro leitor, se você está na adolescência, certamente não "sofreu" com as conexões do passado, pois antigamente a conexão era o porquê de tudo, e a gente ouvia até o barulho dela se iniciando. Parece mentira, não é? Mas eu me lembro do sorriso quando conseguíamos nos conectar através do telefone de casa... Bom, mas o mais interessante é que tínhamos que entrar na Internet e aproveitar para baixar todos os e-mails e assim conseguirmos ler em paz em offline. Sim, nessa época a gente baixava os dados pelo custo da ligação em horário normal, e se quiséssemos ficar conectados por mais tempo com custos bem mais reduzidos, tínhamos que aguardar a noite chegar, geralmente após as 22h, para conseguirmos papear através de chats em sites de provedores ou programas como o ICQ. Acho que é por isso que a cultura de se conversar nas madrugadas passou a vir daí e até hoje as pessoas dão uma espiada ou publicam algo na madruga. Com a evolução dos smartphones, no início as pessoas começaram a perceber um caminho parecido com as antigas conexões discadas, e muita gente então desligava a troca de dados do aparelho para poupar consumo do pacote contratado, que era bem baixo, e também porque consumia muito a bateria dos celulares. Com a chegada do 3G a coisa melhorou bastante, mas foi na época do 4G que assistimos ao crescimento de três variáveis que apoiaram um maior uso da Internet através celular: a) os novos pacotes a preços bem mais baixos, inclusive na modalidade pré-paga, e com banda mais larga, que tem relação direta com a criação da tecnologia 4G; b) o número de redes wifi em lugares públicos e privados, que apesar de não ter nada a ver com a conexão 4G para celular, colaborou com um uso mais constante da Internet; e c) a melhoria nos smartphones (bateria, processamento, BLE etc). Desta maneira, convido o leitor a refletir só ao observar o salto dado na época do 4G, e comparar com as possibilidades nos novos contextos, elevando as críticas de que a banda 4G já não suportaria o que é requerido pelos novos conceitos de transformação digital e a necessidade de se decidir cada vez mais rapidamente. Devemos ficar muito atentos às modificações, as transformações que poderão ocorrer, assim como muitas já ocorreram só com aumento da banda na fase 3G e na ainda atual 4G, os serviços atrelados que puderam ser reais e as coisas que deixamos de fazer ou que passamos a ter em mãos. Com o 5G vamos poder exigir mais da rede, não vamos mais nos lembrar de que existe uma conexão ao trabalharmos em nossas aplicações mais comuns (WhatsApp, Telegram, Facebook Instagram etc.) e vamos poder contemplar novos conceitos de aplicações para comandar coisas e acompanhar o que acontece (vídeos transmitidos de eventos, TV streaming, ligações por vídeo etc.) sem que se precise fazer um pequeno armazenamento para que o vídeo não sofra interrupções (buffer). No futuro, muitos dos serviços presentes em um dispositivo computacional, como armazenamento, aplicativos, itens de desenvolvimento, controle de periféricos e até sistema operacional, estarão na nuvem, que terá custos cada vez mais baixos, providos também por uma conexão que não será percebida. Isso pode acarretar dispositivos mais baratos também, pela ausência de componentes internos que podem ir para a nuvem.

Outros possíveis avanços tecnológicos

Como já falamos por todo o livro, há muita coisa a se testar, uma infinidade de soluções podem ser criadas com um ou mais conceitos dentro da transformação digital, o que me faz pessoalmente perceber que qualquer previsão pode ser facilmente superada, que novos componentes e novos conceitos também podem ser herdados da união de outros conceitos já existentes e que novas aplicações podem ser apresentadas em função de gostos e preferências adquiridos no decorrer das alterações culturais. Hoje é imprescindível para quem usa Facebook, ter a versão para celular, tem gente inclusive que só acessa o Facebook através do celular, mas na sua criação foi apresentado através de site, e a versão inicial mobile criada bem depois era até ruim de se mexer. Então vamos ter novos valores que serão promovidos pela tecnologia capaz de suportar, não vamos mais aceitar certas informações por estarem ultrapassadas, não vamos entender mais o que é um delay ou um vídeo esperando para ser carregado, pode ser que a gente já se acostume em ser visto por todo o canto, capturados e identificados por câmeras, pode ser inclusive que uma coisa qualquer do sistema cyber fale conosco na rua (um poste? Uma mesa?), pode ser que uma pessoa humana do sistema físico e real nem nos repare, pode ser que a gente conviva com objetos de realidade aumentada por não ser suportável a visão poluída que determinado local se apresenta, pode ser que ganhemos outros sentidos como o cheiro e o tato através de dispositivos, que a nossa vida pessoal seja democratizada mais do que as redes já fazem, mas o que eu acertaria neste livro com toda a certeza, é que a gente atualmente mergulha em um futuro mais evoluído que os dos filmes mais inacreditáveis que já assistimos. O cinema nos seduziu com as suas fantasias e coisas futurísticas, e hoje – se o leitor quiser experimentar – não é má ideia rever algumas obras que apresentam inovações que hoje consumimos como algo corriqueiro em nossas vidas.

CONSIDERAÇÕES FINAIS

Desde que iniciei as primeiras palavras deste livro, pensei em colocar tudo com simplicidade para que os conceitos dentro da transformação digital e suas consequências fossem bem entendidos e dessem margem para a imaginação e para as críticas. Sim, falo de críticas porque não dá para pensar em tudo, e uma das coisas que evito ao escrever livros, é inserir páginas cansativas, porque eu prefiro conservar o assunto na forma de bate-papo, em conversa direta com quem lê, e em um menor número de páginas possível. Aqui nesta obra eu procurei, por exemplo, explicar com o apoio de imagens (e são 60 figuras ilustrando os assuntos), para que pudesse elevar o entendimento do leitor sobre coisas que porventura não tenha visto. E a linha de pensamento dedicada às páginas deste livro é carregada de carinho, estimando o leitor que irá dedicar seu tempo a compreender os termos contidos aqui. Imaginei esta literatura como um guia completo, pautado na nossa contemporaneidade, mas jamais definitivo, porque tudo que está aqui é muito vivo e sem controle sobre a aplicabilidade, e é ótimo que seja assim, mas quis presentear as pessoas com um material que pudesse sobreviver um tempo maior que outras experiências que já tive ao publicar. No ano 2000 desenvolvi um livro com muitas páginas sobre o Microsoft Access, e na oportunidade apresentei a ideia de que era possível desenvolver e não resumir o Access a banco de dados, mas entregando produtos para uso final. Aquilo foi muito bom, só que na época estávamos abandonando a visão de plataformas cliente-servidor, sistemas locais etc., então os cursos de Access foram diminuindo e o livro durou e fez sentido até 2003, quando novas versões do próprio Microsoft Access tornaram obsoleto o clássico Access 97. Foi uma experiência muito boa, tenho muitas lembranças. No ano de 2018 conclui o livro O Teletrabalho No Brasil E Seus Desafios, e publiquei pela Amazon.com a versão impressa e a versão digital para Kindle. O livro me rendeu boas conversas com a venda da primeira edição, e a mudança cultural com o trabalho em ambiente doméstico me fez dar total crédito à tecnologia, e por que não escrever sobre elas? Este pensamento me estimulou a desenvolver material sobre as tecnologias relacionadas à transformação digital, mas confesso que a publicação de alguns artigos sobre tecnologia (Indústria 4.0 e as modinhas, que são capítulos deste livro) me deixaram mais confortável sobre o tema, e escrever sobre este momento não é muito fácil, acredite! E eu digo isso não somente pela experiência em escrever que fui adquirindo, mas por entender que o momento é diferente de tudo o que vivemos, e não pode ser resumido com a comparação da charrete com a invenção e popularização do automóvel, por mais que o carro tenha permitido à raça humana maior exploração de lugares e a velocidade ter tornado possível ir e voltar em períodos mais curtos que quando à cavalo, mas resumir assim despreza os acontecimentos que surgem imediatamente até para as pessoas que resolvem não andar de carro e nem sair de casa, estamos diante de alterações e a partir delas a forma de pensar e valores sendo alterados a todo o vapor, muito mais rapidamente que qualquer momento na história e ignorando até questões geográficas e políticas. A transformação digital é mais que equipamentos e programas em execução, mas um estado no campo abstrato do pensamento, da inteligência, e que causa mudança em entidades reais e concretas do mundo físico. Nada se compara, nada mesmo, e o gráfico comparativo abaixo nos faz refletir muito sobre utilidade, importância, a comunicação, o acesso, a democratização e proximidade das coisas e o valor que as pessoas assumem. Vamos conferir?

Gráfico 1: ranking com tempo para obter 50 milhões de usuários.

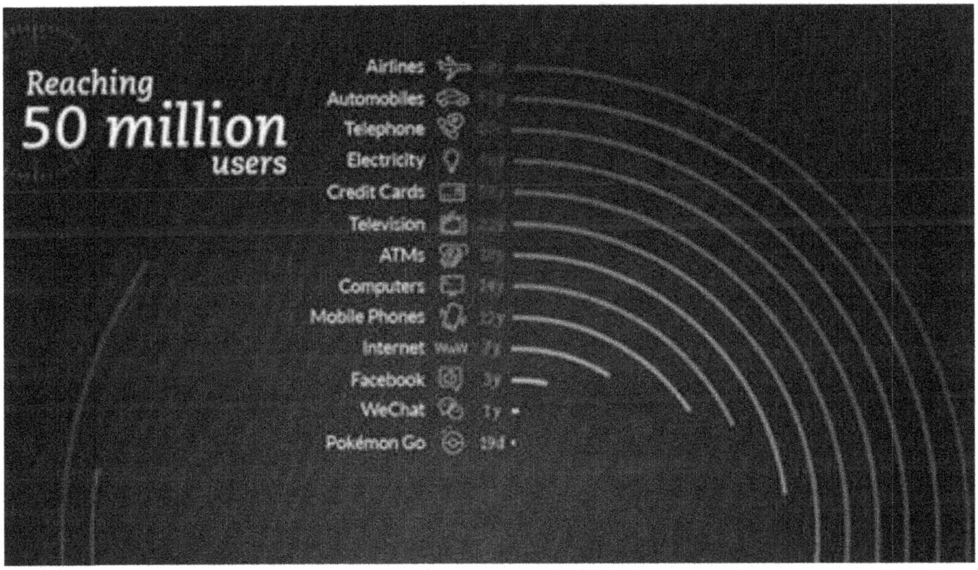

(Fonte: site visualcapitalist.com)

Avião: 64 anos; Automóvel: 62 anos; Telefone: 50 anos; Eletricidade: 46 anos; Cartão de crédito: 28 anos; Televisão: 22 anos; Caixa eletrônico: 18 anos; Computador: 14 anos; Celular: 12 anos; Internet: 7 anos; Facebook: 4 anos; WeChat: 1 ano; e Pokemon Go: 19 dias.

Para este livro já penso em organizar um banco de informações relevantes para uma próxima e oportuna edição e tentar acompanhar o que pode acontecer de novo, como as novidades entre conceitos e tecnologias e até mesmo as mudanças culturais impulsionadoras do avanço tecnológico. Dos assuntos que me dediquei, pretendo inclinar a minha visão para a cultura data-driven e novos comportamentos da gestão nas empresas, isso por entender que deve haver gigante alteração na forma de pensar e argumentar, é o que realmente espero, pois o líder que não perceber a necessidade de seguir por um caminho mais voltado para o que os dados dizem, certamente jogará tudo por água abaixo. Acabou a era da intuição sobre as decisões a serem tomadas, e estamos presenciando o fim dos sentimentos sobre os resultados obtidos, e neste caso espero que só sobre os resultados, não sobre as pessoas.

Sucesso a todos!

REFERÊNCIAS BIBLIOGRÁFICAS

ROGERS, David L. **Transformação Digital. Repensando o Seu Negócio Para a Era Digital**. São Paulo: editora Autêntica Business, 2017.

DORNELAS, José. **Empreendedorismo para Visionários: Desenvolvendo Negócios Inovadores para um Mundo em Transformação.** São Paulo: editora LTC, 2017.

DAVIDOWITZ, Seth Stephens. **Todo Mundo Mente: Big Data, Novos Dados e o Que A Internet Nos Diz Sobre Quem Realmente Somos.** Rio de Janeiro: editora Alta Books, 2018.

HURWITZ, Judith et al. **Big Data Para Leigos.** Rio de Janeiro: editora Alta Books, 2015.

GOMES, Elisabeth et al. **Inteligência Competitiva Em Tempos de Big Data.** Rio de Janeiro: editora Alta Books, 2017.

MACHADO, Felipe Nery Rodrigues. **Big Data: o Futuro Dos Dados E Aplicações**. Salvador: editora Érica, 2018.

TEXEIRA, João de Fernandes. **Cérebro e o Robô: Inteligência Artificial, Biotecnologia e A Nova Ética.** Rio de Janeiro: editora Paulus, 2015.

LUGER, George. **Inteligência Artificial.** São Paulo: editora Pearson Universidades, 2013.

AVILA, Renato Nogueira Perez. **Guia Teórico: Inteligência Artificial, Redes Neurais e Robótica.** Rio de Janeiro: editora Ciência Moderna, 2016.

TAPSCOTT,Don et al. **Blockchain Revolution.** São Paulo: editora SENAI, 2016.

LYRA, João Guilherme. **Blockchain e Organizações Descentralizadas.** Rio de Janeiro: editora Brasport, 2019.

ROBERTSON, Brian J. **Holacracia - o Novo Sistema de Gestão Que Propõe o Fim da Hierarquia.** São Paulo: editora Benvirá, 2016.

ROBERTSON, Brian J. **Holacracy: The New Management System for a Rapidly Changing World.** Estados Unidos: editora Holt Adult, 2015.

BROWN, Tim. **Design thinking.** Rio de Janeiro: editora Alta Books, 2017.

JEFF, J.J. Sutherland. **SCRUM: a arte de fazer o dobro do trabalho na metade do tempo.** Rio de Janeiro: editora Sextante, 2019.

RIES, Eric. **A Startup Enxuta.** Rio de Janeiro: editora LeYa, 2012.

FIALHO, Arivelto Bustamante. **Realidade virtual e aumentada: Tecnologias para aplicações profissionais.** São Paulo: editora Érica, 2018.

DOMINGOS, Pedro. **O Algoritmo Mestre: Como a Busca Pelo Algoritmo de Machine Learning Definitivo Recriará Nosso Mundo.** Rio de Janeiro: editora Novatec, 2017.

BRYNJOLFSSON, Erik. **A segunda era das máquinas.** Rio de Janeiro: editora Alta Books, 2015.

BRYNJOLFSSON, Erik. **Novas Tecnologias Versus Empregabilidade.** São Paulo: editora MBooks, 2014.

KELLY, Kevin. **Inevitável: as 12 Forças Tecnológicas que Mudarão Nosso Mundo**. Rio de Janeiro: editora Alta Books, 2019.

KELLY, Kevin. **What Technology Wants.** Inglaterra: editora Penguin Books, 2011.

DIAMANDIS, Peter H. **Abundance: The Future Is Better Than You Think.** São Paulo: editora Free Press, 2014.

FERNANDES, Carlos H. Ribeiro. **O Teletrabalho No Brasil E Seus Desafios: O Trabalho Remoto No Brasil, Os Aspectos Institucionais, A Gestão, A Cultura, As Rotinas Especiais E As Interações Com A CLT**. Estados Unidos: editora Amazon, 2019.

HARARI, Yuval Noah. **21 lições para o século 21.** São Paulo: editora Companhia das Letras, 2018.

DAWKINS, Richard. **O gene egoísta**. São Paulo: editora Companhia das Letras, 2007.

ABRANCHES, Sérgio. **A era do imprevisto**. São Paulo: editora Companhia das Letras, 2017.

BRITTOS, Valério Cruz. **Digitalização, Diversidade E Cidadania: Convergências Brasil e Moçambique.** São Paulo: editora Annablume, 2010.

MORAES, Jhon Cesar Pereira. **Digitalização: A Sociedade Consumidora De Informações.** Estados Unidos: editora Createspace Independent Pub, 2016.

Referências Bibliográficas nas Normas ABNT de Livros e Sites (links), Como Fazer. 2017. Disponível em: <https://www.normaseregras.com/normas-abnt/referencias>. Acesso em: 20/05/2019.

SANTOS, Max **Mauro Dias et al. Indústria 4.0: Fundamentos, perspectivas e aplicações.** São Paulo: editora Érica, 2018.

DE OLIVEIRA, Bruno. **Crie Seu Mercado No Mundo Digital: Aprenda a viver de ecommerce com a estratégia que levou inúmeros negócios on-line a sair do zero e ultrapassar os R$100 mil em vendas por mês.** São Paulo: editora Gente, 2018.

SÁTYRO, Walter Cardoso et. al. **Indústria 4.0: Conceitos e Fundamentos.** São Paulo: editora Blucher, 2018.

SCHWAB, Klaus. **Aplicando a Quarta Revolução Industrial.** São Paulo: editora Edipro, 2018.

DA SILVA Elcio Brito et. al. **Automação & Sociedade. Quarta Revolução Industrial, Um Olhar Para o Brasil.** Rio de Janeiro: editora Brasport, 2018.

TECMUNDO Comprador. **Sobre o Xiaomi Mi 9 Explorer Edition.** 2018. Disponível em: <https://comparador.tecmundo.com.br/xiaomi-mi-9-explorer-edition>. Acesso em: 20/05/2019.

REZ, Rafael. **Transformação Digital: por que muitas empresas precisam se transformar de forma digital?** 2017. Disponível em: <https://novaescolademarketing.com.br/marketing/transformacao-digital-2018/> – Acesso em: 20/05/2019.

ÉPOCA Negócios. **Automação pode acabar com quase metade dos empregos em 20 anos**. 2019. Disponível em: <https://epocanegocios.globo.com/Carreira/noticia/2019/05/automacao-pode-acabar-com-quase-metade-dos-empregos-em-20-anos.html>. Acesso em: 20/05/2019

COMUNICARTE. **Transformação digital. Sua empresa precisa de uma?**. 2018. Disponível em: <https://www.conteudoinboundmarketing.com.br/transformacao-digital/>. Acesso em: 20/05/2019

SCHELLER, Fernando. 2019. **'Transformação digital só atinge êxito total em 12% das empresas'**, alerta líder de consultoria. Disponível em: <https://economia.estadao.com.br/noticias/geral,transformacao-digital-so-atinge-exito-total-em-12-das-empresas-alerta-lider-de-consultoria,70002863112>. Acesso em: 20/05/2019

FOLHA VITÓRIA. **Investimentos em transformação digital chegarão a US$ 6,3 trilhões até 2020**. 2019. Disponível em: <https://www.folhavitoria.com.br/economia/publieditorial/05/2019/lideres-precisam-adequar-suas-empresas-para-a-transformacao-digital-explica-especialista>. Acesso em: 20/05/2019.

WIKIPEDIA. **Hackathon**. 2019. Disponível em: <https://pt.wikipedia.org/wiki/Hackathon>.Acesso em: 23/05/2019.

COUTINHO, **Marcelo. Transformação digital: entre a miragem e a miopia**. 2018. Disponível em: <https://www.meioemensagem.com.br/home/opiniao/2019/06/04/transformacao-digital-entre-a-miragem-e-a-miopia.html>. Acesso em: 23/05/2019.

INTERNET INOVATION. **One thought on "Saiba o que é uma Hackathon e por que é importante fazer uma em sua empresa"**. 2018. Disponível em: <https://www.internetinnovation.com.br/blog/saiba-o-que-e-uma-hackathon-e-por-que-e-importante-fazer-uma-em-sua-empresa/>. Acesso em: 23/05/2019.

PUGLIESE. Gabriel. **9 Dicas de Como Ganhar Hackathons**. 2015. Disponível em: <https://fernandofreitasalves.com/9-dicas-de-como-ganhar-hackathons/>.Acesso em: 23/05/2019.

VIDA DE COWORKING. **O que é transformação digital e por que ela é importante para os negócios**. 2019. Disponível em: <https://vidadecoworking.com/transformacao-digital/>. Acesso em: 23/05/2019

KISHOR, Nand. **5 Things You Need to Know about Big Data**. 2018. Disponível em: <http://houseofbots.com/news-detail/2397-4-5-things-you-need-to-know-about-big-data>. Acesso em: 23/05/2019

BEER OR COFFE. **O trabalho colaborativo na transformação digital**. 2018. Disponível em: <https://blog.beerorcoffee.com/2018/10/26/o-trabalho-colaborativo-na-transformacao-digital/>. Acesso em: 12/06/2019

RUNRUN.IT. **Data driven business: saiba como conduzir a operação com base nos dados**. Disponível em: <https://blog.runrun.it/data-driven-business/>. Acesso em: 12/06/2019

DOS SANTOS, Virgilio Marques. **Como gerir e construir uma equipe de alto desempenho?** 2018. Disponível em: <https://www.fm2s.com.br/gerir-equipe/>. Acesso em: 12/06/2019

Anselmo. **Holocracia: sistema que busca eliminar hierarquias**. 2018. Disponível em: <https://destinonegocio.com/br/gestao/holocracia-sistema-que-busca-eliminar-hierarquias/>. Acesso em: 21/06/2019

DA SILVA, Davi Gabriel. **Holacracia: Um guia (quase) definitivo sobre o sistema**. 2017. Disponível em: <https://targetteal.com/pt/blog/holacracia-guia/>. Acesso em: 21/06/2019.

FRAISSAT, Zanone. **Trânsito no Brasil mata 47 mil por ano e deixa 400 mil com alguma sequela**. 2017. Disponível em: <https://www1.folha.uol.com.br/seminariosfolha/2017/05/1888812-transito-no-brasil-mata-47-mil-por-ano-e-deixa-400-mil-com-alguma-sequela.shtml>. Acesso em: 26/06/2019.

HOLACRACY. **Holacracy is a customizable self-management practice for organizations**. Disponível em: <https://www.holacracy.org/>. Acesso em: 26/06/2019.

WOLKAN, Eduardo. **Sustentabilidade empresarial, um caminho sem volta?** 2018. Disponível em: <https://transformacaodigital.com/sustentabilidade-empresarial-um-caminho-sem-volta/>. Acesso em: 26/06/2019.

FACEX.IO. **Artificial Intelligence in Self-Driving Cars**. 2018. Disponível em: <https://facex.io/blog/artificial-intelligence-in-self-driving-cars/>. Acesso em: 26/06/2019.

TEMPESTINI, Lucas. **O que é ser Omnichannel na verdade?** 2015. Disponível em: <https://sensedia.com/blog/negocios-digitais/o-que-e-ser-omnichannel-na-verdade/>. Acesso em: 26/06/2019.

MENDONÇA, Bruno. **O que é a gamificação e como ela funciona?** 2016. Disponível em: <https://www.edools.com/o-que-e-gamificacao/>. Acesso em: 26/06/2019.

HARVEY, Cynthia. **Top 10 Big Data Jobs**. 2017. Disponível em:https://www.datamation.com/careers/slideshows/top-10-big-data-jobs.html>. Acesso em: 03/07/2019.

DATA SCIENCE BRIGADE. **A Diferença Entre Inteligência Artificial, Machine Learning e Deep Learning.** 2016. Disponível em> <https://medium.com/data-science-brigade/a-diferença-entre-inteligência-artificial-machine-learning-e-deep-learning-930b5cc2aa42>. Acesso em: 26/06/2019.

GUILLOU, Pierre. **Qual é o principio de funcionamento de um algoritmo de inteligência artificial ?** 2018. Disponível em: <https://medium.com/@pierre_guillou/qual-é-o-principio-de-funcionamento-de-um-algoritmo-de-inteligência-artificial-d68619ce2b4>. Acesso em: 01/07/2019.

INTELIGÊNCIA CORPORATIVA. **Cultura data driven: entenda como a Marvel e Netflix produzem conteúdos orientados a dados.** 2018. Disponível em: <https://inteligencia.rockcontent.com/cultura-data-driven/>. Acesso em: 26/06/2019.

BONA, André. **Investir em bitcoin: conheça as vantagens e riscos da criptomoeda**. 2017. Disponível em: <https://andrebona.com.br/investir-em-bitcoin-conheca-as-vantagens-e-riscos-da-criptomoeda/>. Acesso em: 01/07/2019.

CARNEIRO, Conrado. **Beacon: o que é e quais suas utilizações mais inusitadas**. 2016. Disponível em: < https://usemobile.com.br/conheca-beacon/>. Acesso em: 01/07/2019.

TAPSCOTT, D., TAPSCOTT, A. **Realizing the Potential of Blockchain. A Multistakeholder Approach to the Stewardship of Blockchain and Cryptocurrencies. World Economic Forum**. 2017. Disponível em: <http://www3.weforum.org/docs/WEF_Realizing_Potential_Blockchain.pdf>. Acesso em: 01/07/2019.

BITCOIN ON AIR. **Como Processar uma organização autônoma descentralizada (DAO)**. 2018. Disponível em: <https://pt.bitcoinonair.com/how-to-sue-decentralized-autonomous-organization>. Acesso em: 01/07/2019.

LAGARTO, João**. Internet of Things: o que é, as vantagens e desvantagens de estar tudo conectado**. 2018. Disponível em: <https://digitores.com/internet-of-things/>. Acesso em: 01/07/2019.

STEPHANIE. **Digital Twin: Blurring the lines between reality and simulation**. 2016. Disponível em:

<https://community.plm.automation.siemens.com/t5/Tecnomatix-News/Digital-Twin-Blurring-the-lines-between-reality-and-simulation/ba-p/333483>. Acesso em: 09/07/2019.

KELLY,vRobin. **O Holograma Humano**. São Paulo: editora Cultrix, 2015

EGGERS, Dave. **Um holograma para o rei**. São Paulo: editora Companhia Das Letras, 2016.

STRAFACCI, Gilberto, **João. 5 motivos para você e a sua empresa conhecer-design thinking**. 2018. Disponível em: <https://www.setecnet.com.br/home/5-motivos-para-voce-e-a-sua-empresa-conhecer-design-thinking/>. Acesso em: 09/07/2019.

BRAUTIGAM, Bert, **How using Design Thinking will fix Design Thinking**. 2017. Disponível em: <https://thenextweb.com/contributors/2017/04/27/design-thinking-will-fix-design-thinking/ >. Acesso em: 09/07/2019.

TABLEAU. **Data visualization beginner's guide: a definition, examples, and learning resources**. 2018. Disponível em: <https://www.tableau.com/learn/articles/data-visualization>. Acesso em: 09/07/2019.

VELARDE, Orana. **The 25 Best Data Visualizations of 2018**. 2018. Disponível em: <https://visme.co/blog/best-data-visualizations/>. Acesso em: 11/07/2019.

SAMUEL, Simon. **Data Visualization, What it is and why it matters**. 2018. Disponível em: < https://www.sas.com/en_us/insights/big-data/data-visualization.html>. Acesso em: 11/07/2019.

SCHARMER, C. Otto. **Teoria U: Como Liderar Pela Percepção e Realização do Futuro Emergente**. São Paulo: editora Alta Books, 2019

OGEWELL, Verdi. **Digital Twins: Beware of Naive Faith in Simplicity**. 2018. Disponível em: <https://www.engineering.com/PLMERP/ArticleID/16272/Digital-Twins-Beware-of-Naive-Faith-in-Simplicity.aspx>. Acesso em 14/07/2019.

ISO/IEC 15408-1:2009 Preview - Information technology -- Security techniques -- Evaluation criteria for IT security. 2009. Disponível em <https://www.iso.org/standard/50341.html>. Acesso em 14/07/2019.

PEREIRA, Eliézer. **Fator humano em segurança da informação**. 2018. Disponível em: <https://www.ab2l.org.br/fator-humano-em-seguranca-da-informacao/>. Acesso em: 14/07/2019.

Como o fator humano interfere na segurança da informação em empresas. 2018. Disponível em: <https://exame.abril.com.br/negocios/dino/como-o-fator-humano-interfere-na-seguranca-da-informacao-em-empresas/>. Acesso em: 14/07/2019.

BELEM, Mayra. **O que é o Movimento Maker e como ele valoriza a criatividade na prática**. 2019. Disponível em: <https://designcomcafe.com.br/movimento-maker/>. Acesso em: 20/07/2019.

CHASE, Rebecca. **Movimento maker: 5 tendências de produtos criativos**. 2019. Disponível em: <https://espaconave.com.br/movimento-maker-tendencias/>. Acesso em: 20/07/2019.

PEREIRA, Jonas. **Acessibilidade Digital, 4 bons motivos para ter um site acessível**. 2018. Disponível em: <https://www.a2c.com.br/novidade/acessibilidade-digital-por-que-ter-um-site-acessivel/?utm_source=artigo&utm_campaign=artigo-como-a-transformacao-digital-vai-impactar-sua-vida>. Acesso em: 20/07/2019.

STEFANELLI, Camilo. **Como inovações digitais têm melhorado a rotina de pessoas com deficiência**. 2018. Disponível em: <https://itmidia.com/como-inovacoes-digitais-tem-melhorado-a-rotina-de-pessoas-com-deficiencia/>. Acesso em 20/07/2019.

Tecnologia assistiva ajuda a melhorar a qualidade de vida de pessoas com deficiência. 2010. Disponível em: <http://www.brasil.gov.br/noticias/educacao-e-ciencia/2010/08/tecnologia-assistiva>. Acesso em: 25/07/2019.

TONOLLI, José Carlos**. Introdução ao Conceito de Tecnologia Assistiva e Modelos de Abordagem da Deficiência**. 2015. Informações adicionais**.** Disponível em: http://www.bengalalegal.com/tecnologia-assistiva. Acessado em: 25/07/2019.

Tecnologia Assistiva. 2018. Disponível em: <http://www.assistiva.com.br/tassistiva.html>. Acesso em: 25/07/2019.

Augmentative and Alternative Communications Research. 2014. Disponível em: <http://aacresearch.blogspot.com/>. Acesso em: 25/07/2019.

TEAM MOULA. **What is a Cashless Society?**. 2017. Disponível em: <https://moula.com.au/finance/cashless-society>. Acesso em: 25/07/2019.

AREA, Hyderabad. **4th Industrial Revolution is Beyond Cyber Physical Systems**. 2017. Disponível em: <https://www.slideshare.net/vsr0001/4th-industrial-revolution-is-beyond-cyber-physical-systems>. Acesso em: 26/07/2019.

HIGA, Paulo. **Por que o 5G vai mudar sua vida (mesmo que você não tenha nem 4G)**. 2016. Disponível em: <https://tecnoblog.net/192393/5g-vai-mudar-sua-vida/>. Acesso em: 26/07/2019.

POLITI, Cassio. **Quanto tempo cada produto levou para alcançar 50 milhões de usuários?** 2018. Disponível em: <https://www.tracto.com.br/50-milhoes-de-usuarios/>. Acesso em: 30/07/2019.

De todas as homenagens possíveis,
sonhe com aquela que surge em porquês.

Dedicatória.

Dedico à minha companheira e amiga, que me incentiva, que me protege e que direciona a mim palavras que fazem toda a diferença.

Marina Strube, este livro é para você!

Prefixo Editorial: 85-540955.

Número ISBN: 978-85-540955-2-9.

Impresso no Brasil / Printed in Brazil

Idealização de capa: própria.

Fonte: Palatino Linotype, corpo 12.

Formato: 16x23cm

Made in the USA
Monee, IL
06 November 2026

67386114R00131